江阴文物精华

沈鹏题

（馆藏版）

文物出版社

装帧设计／袁振宁
责任印制／梁秋卉
责任编辑／李缙云
王　戈

图书在版编目（CIP）数据
江阴文物精华/江阴博物馆编著. — 北京：文物出版社，2009.4
ISBN 978-7-5010-2599-2
Ⅰ.江... Ⅱ.江... Ⅲ.文物 — 江阴市 — 图录
Ⅳ.K872.533
中国版本图书馆CIP数据核字（2008）第138729号

江阴文物精华（馆藏版）

编　　著　江阴博物馆
出版发行　文物出版社
地　　址　北京东直门内北小街2号楼
邮政编码　100007
http://www.wenwu.com
E-mail:web@wenwu.com
制版印刷　北京圣彩虹制版印刷技术有限公司
开　　本　889×1194毫米　1/16
印　　张　18
版　　次　2009年4月第1版　2009年4月第1次印刷
书　　号　ISBN 978-7-5010-2599-2
定　　价　320元

江阴文物精华

（馆藏版）

沈鹏题

编　著

江阴博物馆

序

经过一年的精心策划和精心选择，《江阴文物精华》、《古邑江阴》在江阴市委、市政府领导的高度重视下，终于完成了。

近几年，江阴市变化很大，特别是在抓经济发展的同时，还加强了文化建设。《江阴文物精华》、《古邑江阴》的编辑出版，充分证明了江阴市委、市政府在建设国家历史文化名城的进程中，始终将文化遗产的保护和展示放在首位。

2008年深秋，我和徐苹芳、黄景略、马自树等应江阴市政府龚振东副市长的邀请，考察了江阴历史文化街区，并就保护规划，听取了整治方案的介绍。在全国历史文化名城保护面临困难重重的今天，江阴能在无锡市委统筹协调下，积极推动历史文化名城的申报，这是令人称赞的事。

江阴，一座历史悠久的江南古城，早在7000年前就创造了独具特色的文化。其地滨江近海，地势险要，历来是兵家必争之地，至今黄山炮台遗垒犹存。

本书是作为申报国家历史名城的附件，它反映了江阴地区丰富的历史文化，也彰显了本地文化遗产的保护方面的成果。近年来有些地方热衷于各种各样的“达标”、“评优”、“创建”等活动，其结果是活动内容真假虚实，鱼目混珠，所以，在一些政府领导干部的心目中自然形成了只要经过一番人为的“努力”，名城是可以“创建”“达标”的，这是一个误区。

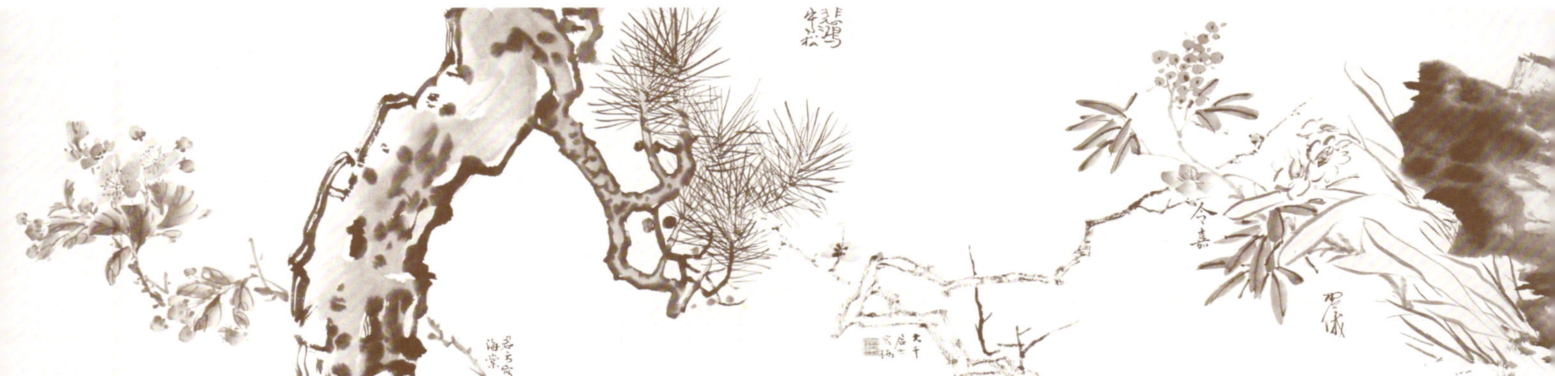

“名城”的概念是在总结了国内外的经验教训的基础上提出来的。如西方某些国家，在资本主义原始积累阶段的大规模开发过程中，破坏了大量的历史文化遗产，造成了永远的损失和遗憾。现在有些国家具有50年历史的建筑就不能随便拆除了。今天，我们公布“名城”，主要目的便是为了在城市规划建设中使其存在的历史文化遗产得到更妥善的保护，同时发挥它们的综合效益，为社会主义精神文明建设服务。

城市是历史文化的载体，它无声地传承人类文化。对历史街区进行修缮和整治，不能为了利益所驱动，拆了真古董去造假街坊。

《江阴文物精华》、《古邑江阴》是江阴文博工作者在市委、政府和文化局各级领导的大力支持下，呕心沥血、千锤百炼的心血结晶，我想学界和社会广大读者会给予它以应有的评价。

祝江阴国家历史文化名城的申报一帆风顺，早日好梦成真。

谢辰生

中国文物学会名誉会长

2008年12月25日

序

上世纪90年代之初，因良渚遗址保护事，从此开始了我和江南的密切交往。我到过许多江南的城镇与乡村，去过次数最多的自然是良渚所在的余杭，其次，江阴就得位列其中了。

江阴清山秀水，人文底蕴丰富。江阴人南北兼容的独特性格，勤劳率直，聪敏达时，刚烈勇敢，深富人文魅力。在这块土地上，考古遗存与历史文献证实，至迟于距今7000年就已存在了自具特色的灿烂文化，和距今5000年良渚文化的居民就在此地创造了高度发达的早期文明，从此，历史延绵不断，江阴的土地，为中华大地增彩，江阴人民，孕育翘楚，为中华民族增辉。

戊子初冬，丹青来电话邀我为《江阴文物精华》、《古邑江阴》作序。江阴是我的故友俞伟超的故乡。俞伟超为中国考古学的发展作出了杰出贡献，是考古学的排头兵。他生前为认识江阴历史，为促进江阴考古学研究和江阴的文物保护奔走呼号。考古界认识江阴与俞伟超密不可分。同时，江阴历届中共市委、市政府，在推动考古学认识江阴和文物保护方面均积极努力，确实作出了重要贡献。这些因素的综合，加上客观条件，江阴的考古曾两度被评为十大考古新发现，同时，江阴市人民政府于2000年被国家文物局授予“文物保护突出贡献奖”。后者是一项殊荣，因为江阴市人民政府是迄今为止全国唯一获得此项奖励的地方政府。出版《江阴文物精华》、《古邑江阴》，刊布馆藏文物，是江阴为纪念改革开放30周年

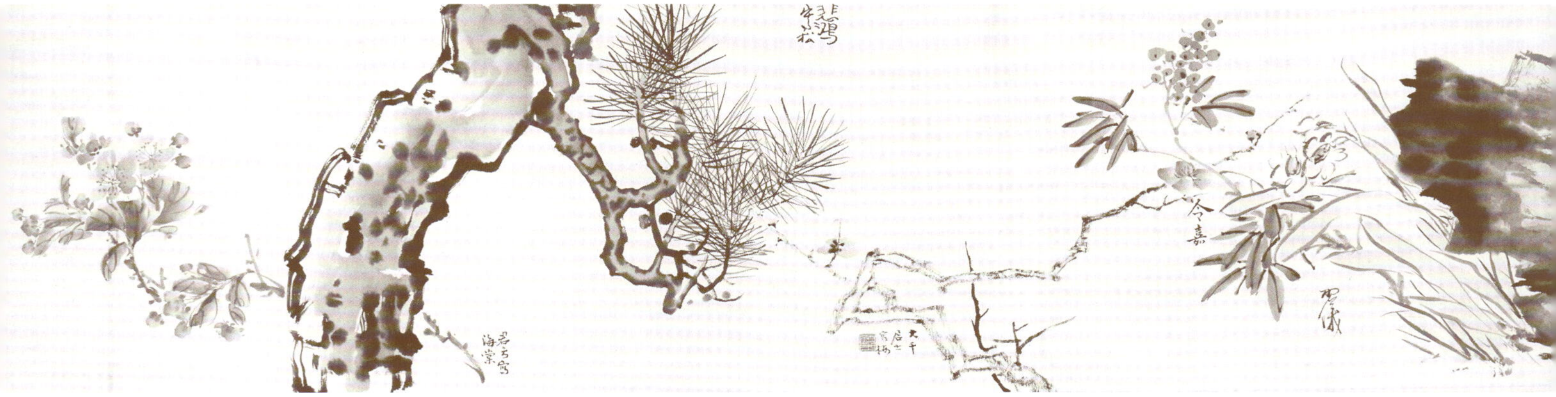

的献礼，也是江阴建设历史文化名城的一项工作。作为江阴的老朋友，吾当赞之也。

《江阴文物精华》、《古邑江阴》刊布的文物，均见证了历史，反映了不同历史时期多姿多彩的艺术风格和别具特色的文化传统，透过合理的画面，准确而简练的文字介绍，那凝聚着人类意志与毅力，闪耀着理性与智慧光辉的质朴、淡泊、玲珑剔透、细腻精致、栩栩如生的文物，彰显了江阴积淀深厚的文化底蕴和魅力。

我感谢江阴文物遗产的守望者们为精心编辑《江阴文物精华》、《古邑江阴》所付出的艰辛，同时，我也希望《江阴文物精华》、《古邑江阴》的出版，在遵循我提出的“传承、吸收、融合、创新”的文化演进规律的道路上，与守望民族文化家园的同时，为融合外来的先进文化，推进民族文化创新的文化建设发挥一份作用。

張忠培

中国考古学会理事长

2009年1月12日于小石桥

前言

江阴是一座具有悠久历史的江南古城，有着7000年的人文史，5000年的文明史，3800年的筑城史和2500年的文字记载史。在漫长的历史长河中，勤劳智慧的江阴人民创造了丰富多彩、弥足珍贵的文化遗产。绵绵文脉延续数千年，众多的文物遗存印证着江阴深厚的历史文化底蕴。

一方水土养一方人，奔腾不息的长江水滋养了一代代江阴人，也孕育了江阴人刚烈率直、勤劳勇敢、南北兼容的独特性格。“人心齐，民性刚”的人文精神生生不息，“敢攀登，创一流”的时代精神赋予其新的内涵。

地以人贵，人以地传。江阴为泰伯化育之乡，季札逊耕之地，数千年青史延绵，人才辈出，史不绝书。明代伟大的旅行家、地理学家、游记文学家、千古游圣徐霞客，清末民初创办江南、京师图书馆的“现代图书馆之父”缪荃孙，中国文化史上彪炳千秋的“刘氏三杰”刘半农、刘天华、刘北茂昆仲便是其中的杰出代表。现代的江阴更是群星灿烂，在这块土地上先后孕育了17位中外科学院院士，81名重点高校校长，41名共和国将军。

优越的地理位置，深厚的历史文化底蕴，使江阴成为江防要塞、历代兵家必争之地，吴文化的重要发源地，中国民乐之乡和崇文重教之地。众多地面文物和丰富藏品是江阴几千年历史的缩影，是不可多得的文化遗产，是极为宝贵的财富，是体现城市个性和特色的源泉，也是不可再生的珍贵资源。它既是江阴灿烂历史文化的物化成果，又是江阴悠久历史的见证，也是我们进一步生存和发展的重要基石。为此我们有责任加强保护，使之延续后世。

“加强文化遗产保护，申报国家历史文化名城”一直是江阴历届市委、市人民政府为之奋斗的目标，也为此做出了不懈的努力。2000年江阴市人民政府被国家文物局授予“文物保护突出贡献奖”，是当年全国唯一获得该项殊荣的地方政府。2001年江阴市被江苏省人民政府公布为“江苏省历史文化名城”，为我们申报国家历史文化名城打下了坚实基础。

江阴市委、市政府积极贯彻落实党的十七大关于“推进文化大发展大繁荣”、“兴起社会主义文化建设新高潮”的方针，把申报国家历史文化名城作为文化建设的重大举措，有着极其重要的现实意义和深远的历史意义。在一定意义上讲，未来城市之间的竞争是文化的竞争，一个城市如果

没有深厚文化底蕴和先进文化的引领，必然会因为缺乏“软实力”而在竞争中落伍。申报国家历史文化名城，能提升城市文化品位，全面提高对历史文化遗产的保护水平，有利于发展现代城市先进文化，优化城市环境，提高公众的文化素质，促进社会的文明进步。

因此，我们要按照“护其貌、显其颜、铸其魂、扬其韵”的理念，切实加强文化遗产保护，全面挖掘历史文化内涵，彰显江南名城文化底蕴，打造城市文化品牌，使江阴真正成为与优秀传统文化相承接，与世界文明相贯通，与经济和社会发展相辉映的历史文化名城。

为充分展示江阴悠久的历史文化和丰厚的历史遗存，我市编辑出版了《古邑江阴》和《江阴文物精华》这两本图册。前者以地面文物为主，着重反映江阴的文化遗址、历史文化街区、古镇古村、名人故居、工业遗产、军事遗存、古桥梁等，包括各级文物单位及尚未公布为保护单位的重要文物。后者以江阴博物馆馆藏文物为主，分玉石器、陶瓷器、青铜器、金银器、书画、宗教文物、服饰、杂件、近现代文物等类别，所刊250余件文物是从13000余件藏品中遴选出来的精品。画册真实、系统、全面展现了江阴的悠久历史和古代先民的伟大创造，旨在让更多的人通过解读江阴历史从而认识江阴，并从各个方面关心支持江阴的建设与发展。我坚信，具有悠久历史和灿烂文化的江阴，必将在走科学发展之路、向现代化目标迈进的过程中不断铸造新的辉煌。

中共无锡市委常委

江阴市市委书记

2009年3月28日

目录

陶瓷器 50

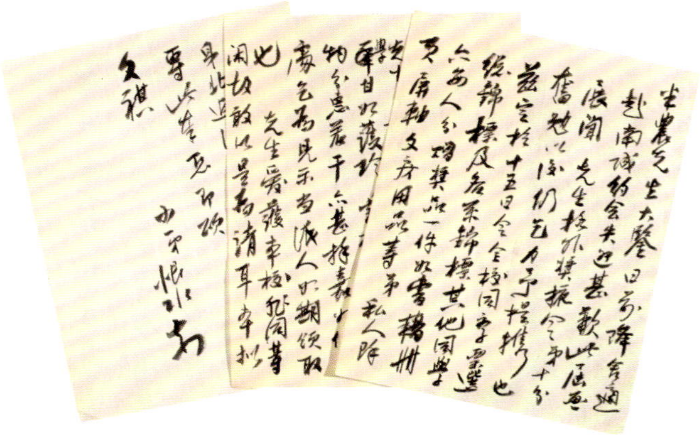

江阴文物精华

江阴地区发现最早的史前玉石器地点为距今约7000年的祁头山遗址，其次为距今约6000年的南楼遗址和龙爪墩遗址，最后是距今约5000年的高城墩遗址。

祁头山遗址位于江阴市城东新区夏家村（又名绮山村）东北，遗址地处太湖之北，长江南岸。在祁头山墓葬内出土随葬玉器17件、石器18件。所出玉器，除常见的环形玦外，更多的为管形。另外，还有台形、箍形、柱形。璜类玉器在晚期出现较多，特别是一件折断后又重新修补的玉璜，其断截处上下有钻孔，且经打磨，在两端孔上，可看出长期佩戴后的磨损痕迹。著名考古学家俞伟超推测此类器物是不同民族、部落实行联姻或联盟活动时的一种信物。此外，还有一件极为少见的圆雕蛙形玉器，造型怪异。近三角形的龟首，蛙身，两条蚕形腿，腹部对称钻孔，似用于佩挂。

位于江阴市东南周庄镇的龙爪墩遗址，距市区约20公里。出土石器4件、玉器4件。玉器有璜、镯、D形饰等。

江阴市青阳镇南楼遗址，共出土石器36件、玉器33件。玉器种类有璜、玦、镯、环、璧、琀、珠、三角形饰、异形饰等。其中一件石斧，系紫褐色石质，整体呈长方形，上部略

玉石器

窄，底部略宽，靠上部对钻一孔，钻痕、台痕明显。斧体下部有天然形成的白色圆形图案，中间为牙形，似“日月同辉”。其刃部有使用遗留的破裂痕迹。另一件异形玉饰呈月牙形，并伴有两个半圆形凸出物，颇像兽形，令人浮想联翩。

江阴石庄镇高城墩村北的高城墩遗址，是太湖西北良渚文化的又一中心。14座墓葬出土器物232件（组），并被评为“1999年中国十大考古新发现”之一。高城墩墓葬中出土玉器以青黄、湖绿色为主，部分玉料内含灰白、灰绿色结晶及墨绿、黑色点状杂质。玉器经长期的受沁风化后大多呈现出鸡骨白、橙黄、红褐色及游丝状绺裂。玉器种类有琮、璧、钺、镯、锥形饰、坠、串饰、指环、珠、管等。

汉代玉器继往开来，本馆所藏汉代玉器有山观凤凰山出土的玉璧等。

明清时期是中国玉器的鼎盛时期，本馆收藏的明清玉器主要有青阳出土的玉匜，华士出土的透雕鸳鸯戏莲玉纽、透雕玉佩等。

江阴博物馆所藏的史前玉石器多来源于科学考古发掘，从马家浜文化、崧泽文化到良渚文化一脉相承，种类齐全，成为江阴文物的一大特色。因此在玉石器这一部分中，我们撷取其中的最亮点——史前玉石器参编，并以此开启江阴历史文化长河的璀璨之光。

石　钺

新石器时代
通长19.3、顶宽12.2、刃宽14.6、厚1.4、孔径3.7厘米
1986年江阴长寿泗河口徐元村出土

石 钺

新石器时代
通长11.3、宽8.6、厚1.7厘米
2006年江阴青阳南楼遗址出土

石 斧

新石器时代

通长11.5、顶宽6.5、刃宽7.8、厚0.4、孔径3.2厘米

1999年江阴石庄高城墩8号墓出土

石　犁

新石器时代
通长48、宽21.1、孔径2.1厘米
1979年江阴西郊窑厂古井出土

破土器

新石器时代
通长35.2、最宽22.2、高2.3厘米
1982年江阴夏港出土

双孔石镰

新石器时代
通长12，最宽4.2，孔径0.5～0.9、0.6～0.8厘米
1978年江阴夏港出土

双孔石刀

新石器时代
通长7～5.2、顶宽16.9、刃残宽16.1、厚1.1、孔径1.5～1.2厘米
1999年江阴石庄高城墩3号墓出土

石　镞

新石器时代
通长10.1、宽1.8、高0.9厘米
江阴云亭出土

石　戈

商周
通长20.9、阑宽5.9、援末厚0.8、内4.2×3.6厘米
2001年江阴云亭佘城出土

玉　钺

新石器时代
通长16.3、顶宽8.2、刃宽10.5厘米
1999年江阴石庄高城墩1号墓出土

玉 钺

新石器时代
通长15.2、顶宽9.4、刃宽11.15厘米
1999年江阴石庄高城墩5号墓出土

玉 琮

新石器时代
通高3.65～3.9、射径10.5、孔径5.2厘米
1999年江阴石庄高城墩5号墓出土

玉　琮

新石器时代

通高3.75～3.8、射径8.1、孔径6.2厘米

1999年江阴石庄高城墩3号墓出土

玉　玦

新石器时代

直径3.2厘米

2000年江阴祁头山遗址出土

扁平状大玉玦

新石器时代

直径4.7、孔径1.9、厚0.8厘米

2000年江阴祁头山遗址出土

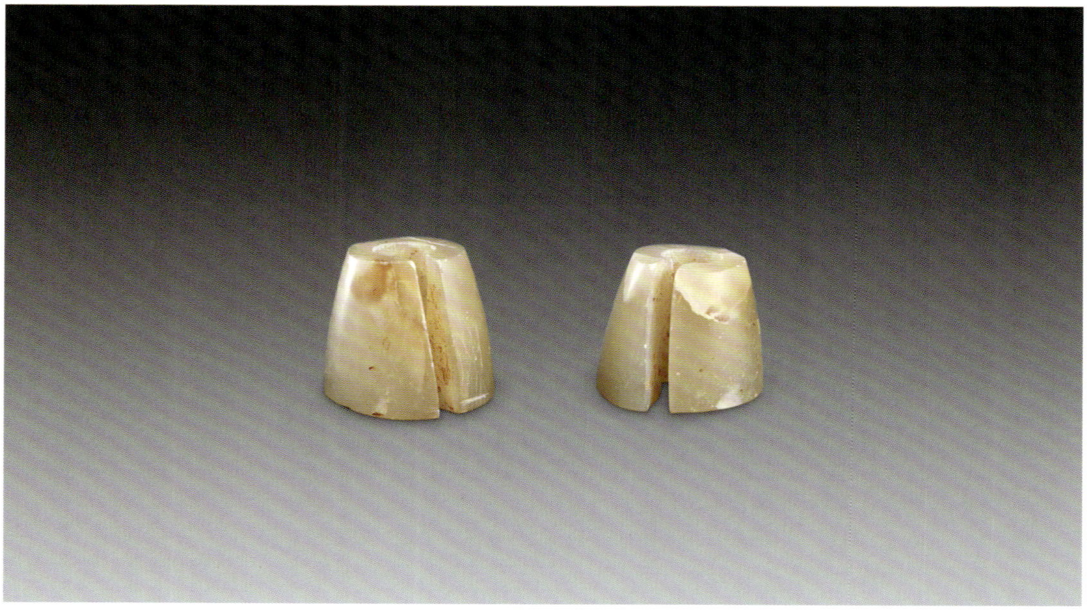

梯形玉玦

新石器时代
左：高1.4、上径1.4、底径1.9厘米
右：高1.7、上径1.3、底径1.9厘米
2000年江阴祁头山遗址出土

箍形玉玦

新石器时代
通高2.1、直径2、孔径0.6～0.7厘米
2000年江阴祁头山遗址出土

玉　璜

新石器时代
长13.2、中宽0.8厘米
2000年江阴祁头山遗址出土

玉　璜

新石器时代
通长12、中宽2厘米
2000年江阴祁头山遗址出土

玉　璜

新石器时代
残长10.2、宽3.4、厚0.5厘米
1999年江阴周庄龙爪墩遗址出土

玉 璜

新石器时代
长12、宽3、孔径0.4、厚0.4厘米
2006年江阴青阳南楼遗址出土

玉　璧

新石器时代

直径15.8、好径4.1、厚0.6～0.9厘米

1999年江阴石庄高城墩1号墓出土

玉 镯

新石器时代
高5.3、直径6～6.3厘米
1999年江阴石庄高城墩1号墓出土

玉 镯

新石器时代
高2.65、直径6.5～6.6厘米
1999年江阴石庄高城墩5号墓出土

玉　璧

新石器时代
直径13.3、好径4.8、厚1.8厘米
1999年江阴石庄高城墩8号墓出土

玉璧

新石器时代
直径14、好径3.5、厚1.1厘米
1999年江阴石庄高城墩8号墓出土

玉　瑗

新石器时代
直径12.1、好径6.1、厚1.2～1.4厘米
1977年江阴石庄高城墩出土

玉 环

新石器时代

直径7.1～7.8、好径5、厚0.9厘米

1977年江阴石庄高城墩出土

玉蛙形器

新石器时代
长4.7、宽3.9、厚1.9厘米
2000年江阴祁头山遗址出土

玉锥形饰

新石器时代
通长2.6、孔径0.15厘米
1999年江阴石庄高城墩11号墓出土

玉锥形饰

新石器时代
左：长13.2、上径0.9、孔径0.25厘米
中：长9.8、上径1.05、孔径0.3厘米
右：长7.8、上径0.95、孔径0.25厘米
1999年江阴石庄高城墩1号墓出土

鼓形珠

新石器时代
长2.8、最大径1.7、孔径0.4厘米
1999年江阴石庄高城墩1号墓出土

小玉珠

新石器时代
高0.2、直径0.3厘米
1999年江阴石庄高城墩5号墓出土

隧孔枣形玉珠

新石器时代
长2.2厘米
1999年江阴石庄高城墩11号墓出土

隧孔小玉珠

新石器时代
直径0.6厘米
1999年江阴石庄高城墩5号墓出土

大玉管

新石器时代
长4.6、直径1.5、孔径0.65厘米
1999年江阴石庄高城墩5号墓出土

玉觿

春秋
左：长8.6、宽1.2、厚0.88厘米
右：长5.95、宽1.1、厚0.43厘米
1983年江阴周庄陶城出土

玉锥形饰

春秋
左：长4.42、直径0.48～0.53厘米
右：长3.96、直径0.46～0.53厘米
1983年江阴周庄陶城出土

玉　管

春秋
左：长5.8、直径0.96、孔径0.65厘米
中：长6.95、直径0.95、孔径0.4厘米
右：长8、直径1.55、孔径1.35厘米
1983年江阴周庄陶城出土

玉　饰

新石器时代
长3.7、高2.0、厚0.3厘米
2006年江阴青阳南楼遗址出土

谷纹白玉璧

汉

直径12.7、好径4.4、厚0.5厘米

1976年江阴山观凤凰山汉墓出土

谷纹青玉璧

汉

直径14.8、好径5.8、厚0.4厘米

1983年江阴山观凤凰山西麓汉墓出土

玉 匜

明

长14.3、宽6.7、高8、足高1.5厘米

1984年江阴青阳镇出土

透雕鸳鸯戏莲玉纽

明

长3.6、宽2.3、高3.2厘米

1984年江阴华士出土

透雕玉佩

明

长8、宽5.4、高0.95厘米

1984年江阴华士出土

碧玉龙首带钩

清
长7.45、宽1.65、高1.8厘米
江阴博物馆藏

白玉龙首螭纹带钩

清

长10、宽2.05、高2.6厘米

江阴博物馆藏

江阴文物精华

江阴的史前文明序列完整，随着祁头山马家浜文化遗址、青阳南楼崧泽文化遗址、高城墩良渚文化遗址的发掘，使江阴史前文明的脉络完整而清晰，遗址出土的陶器反映了长江下游史前人类的生活和进化、演变状况。

江阴最早的陶器大都出土于距今约7000年的祁头山马家浜文化遗址，器型丰富而特色鲜明，已采用磨光、彩绘、雕刻、塑型等装饰手法。1976年青阳南楼遗址泥井出土的彩绘黑陶壶，造型规整美观，纹饰清晰流畅而动感十足，堪称史前陶器的精品。那似鱼网，又似波涛江水的图案，让人产生无限遐想。而新石器时代末良渚文化时期黑皮陶的制作，更反映了先民们高超的制陶工艺，达到了前所未有的水平。

花山佘城商周时期遗址出土的大量陶器，器形古拙，图录中的三足陶鬲，就是其中的代表，它表明了商周时期江阴青铜文明的多元文化特征。出土数量不多的印纹硬陶和原始瓷，为瓷器起源问题的研究提供了重要的佐证。

春秋时期出现的原始青瓷，比商周时期的质量有所提高。肩部堆塑雏鸟，腹部装饰扉棱和锥刺纹，器身通体施青灰色釉的原始青瓷三足鼎；器形大而规整，器身饰七层漩涡纹，肩部饰一对绹纹耳的原始青瓷筒形器，都是仿商周青铜礼器的典型器物，极具江南地域特色。

汉代除各种陶质盛器外，还出现了仿照现实生活中的房屋建筑、鸡笼、猪圈等模型，镂空、雕塑、堆贴等装饰技术样样俱全，制陶和造型工艺达到了很高水平。釉陶壶、釉陶竹节

陶瓷器

蒜头瓶以及釉陶虎子造型别致，纹饰精美，尤为汉陶之精品。

目前陶瓷界公认的成熟瓷器烧成于东汉时期，距今有2000年的历史。从三国到南朝年间，战乱频仍，相对中原较为安定的江南，瓷业有了很大的发展。鸡首壶流行于六朝时期，一直沿用到隋代，因“鸡”与“吉”同音，寓意吉祥如意。

隋唐时期，瓷器制造日趋成熟，使用也更为普及，瓷器业迅速发展。瓷器品种与造型新颖多样，制作精细远胜前代。宋代是我国瓷器的高度繁荣期，出现了著名的官、哥、汝、定、钧五大名窑。1991年于江阴夏港尚书墩东新开河工地宋墓出土的一套七件银扣定窑瓷器，堪称北宋定窑珍品。器形轻薄规整，胎白质坚，釉色白中闪黄，采用印花、刻花、划花等装饰技法，栩栩如生。宋代景德镇烧制的青白瓷，亦称“影青”，釉色白中闪青，一件青白釉莲瓣高足杯，造型独特，釉质莹润，还因同时出土有“北宋绍圣二年张十七郎”买地券，是一件标准器，尤显珍贵。两件鸡腿坛，小口，小底，器身高，腹部满布弦纹，施酱釉，是难得一见的北方少数民族器物。

明清时期，瓷器的发展达到了鼎盛。釉色润泽肥厚、发色幽雅沉静的两件龙泉瓷碗，是明代龙泉窑的典型风格。清光绪年间的瓷器虽不及康雍乾瓷器辉煌，但也有其独到之处，江阴辅延小学工地出土的一套4件青花人物瓷碟，胎质洁白细密，釉色滋润，青花发色鲜艳有层次。其上词句“对坐清谈世事，闲看浅水行舟”，表达了清末文人的思想情趣。而陶白先生捐赠的瓷器，让读者领略到清末瓷器的风采。

彩绘黑陶壶

新石器时代
通高12.1、口径7.2、颈高3.5、腹径12.5、底径5.1、足高1.3厘米
1976年江阴青阳南楼遗址泥井出土

黑陶袋足鬶

新石器时代
通高27、口径7.8厘米
江阴博物馆藏

三足陶鬲

商周

通高16.2、口径20.3厘米

1998年江阴云亭花山遗址出土

灰陶豆

周
通高7、口径10.4、腹径13.1、底径7.9、足高1.6厘米
1972年江阴云亭花东黄天荡出土

原始青瓷三足鼎

春秋

通高14.9、口径21.4、腹径24.8、足高4.7厘米

1990年江阴长山任桥窑厂出土

原始青瓷筒形器

春秋

通高32.5～33.1、口径22.5～23.8、腹径29.2、底径22厘米

1991年江阴周庄砂山北麓出土

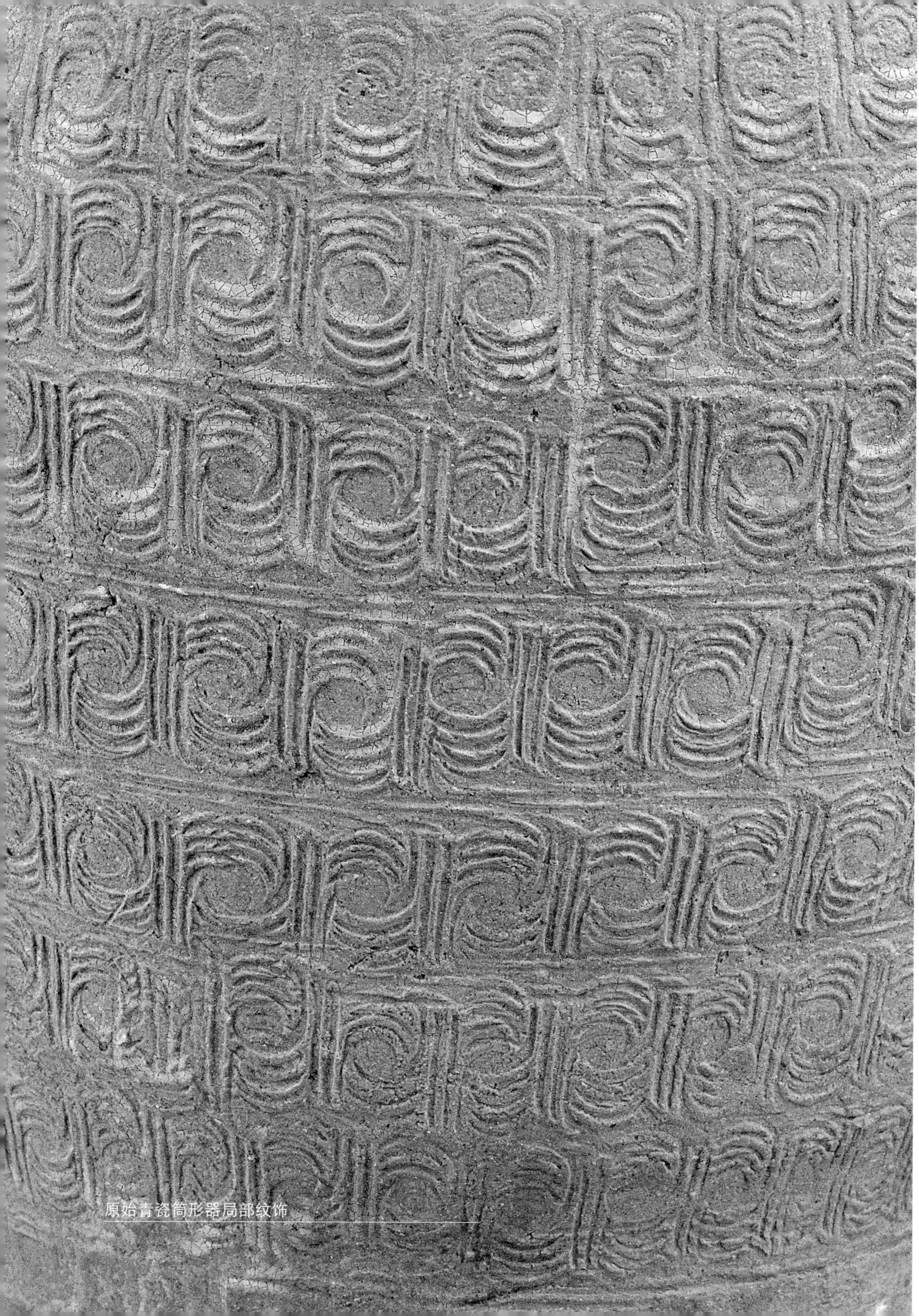

原始青瓷筒形器局部纹饰

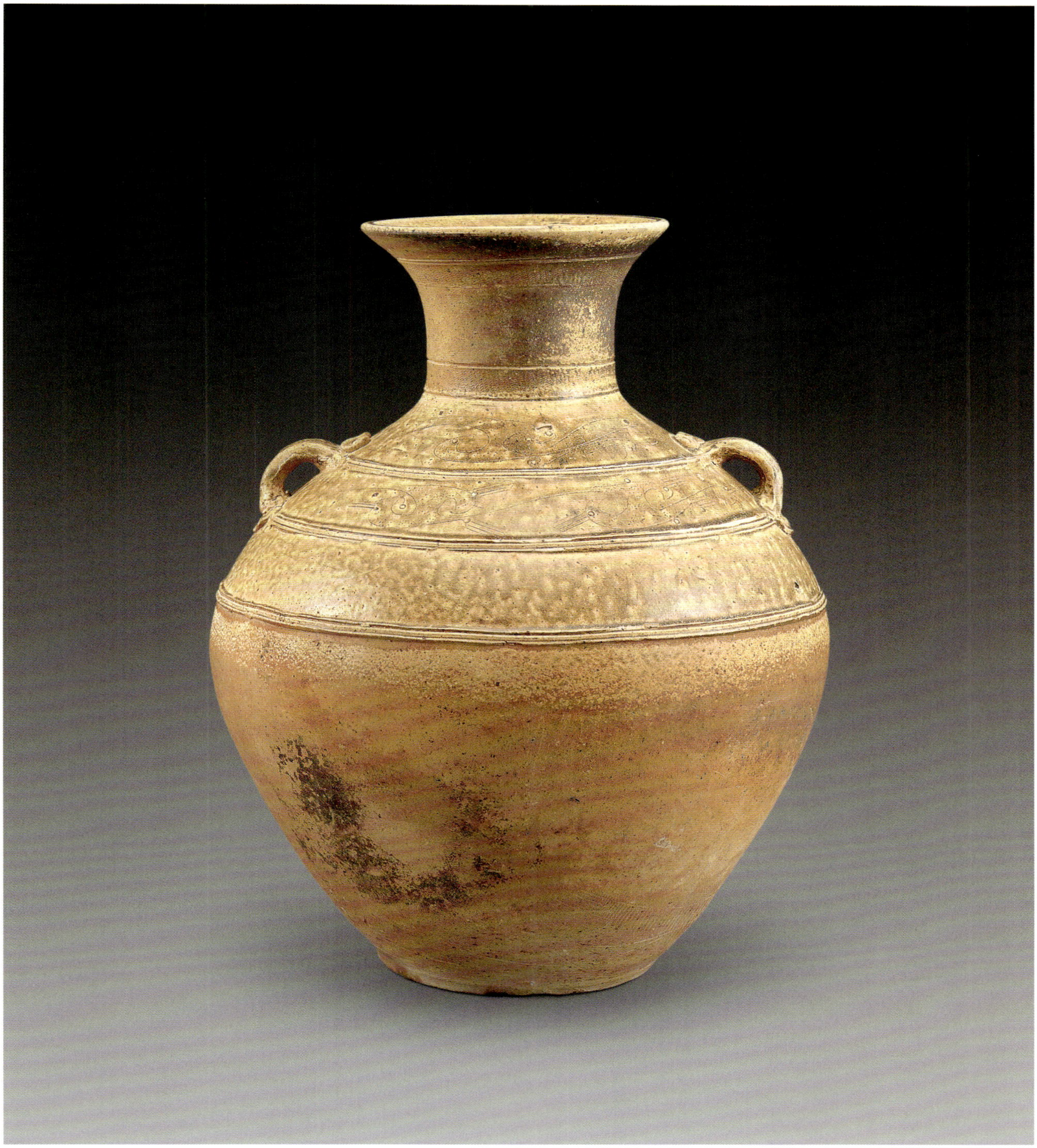

釉陶壶

汉

通高44.2、口径17.2、腹径35.6、底径16.1厘米

江阴博物馆藏

釉陶壶局部纹饰

釉陶竹节蒜头瓶

汉

通高29.1、口径3.2、腹径21.8、底径15.8厘米

1990年江阴山观凤凰山西麓汉墓出土

釉陶虎子

东汉

通高18、通长24.3、腹径13.5～11.8厘米

1990年江阴长山任桥窑厂出土

褐釉瓷羊尊

西晋

通高14、通长17厘米

江阴博物馆藏

鸡首盘口壶

南朝
通高18.3、口径6.6、腹径12、底径8.4～8.6厘米
1990年江阴周庄砂山北麓出土

青瓷虎子

六朝

通高20.3、口径8.1、底径13.5厘米

江阴博物馆藏

鸡腿坛

宋

通高53、口径6.2、腹径20.6、底径10.2厘米

1978年江阴夏港尚书墩葛氏家族墓出土

鸡腿坛

宋

通高53、口径6.7、腹径20.1、底径10.9厘米

1978年江阴夏港尚书墩葛氏家族墓出土

带铭文谷仓罐

北宋

通高39.3、口径16.7、腹径24.3、底径12厘米

江阴博物馆藏

定窑白釉银扣刻花龙纹碗

宋

通高8、口径20.4、底径6.2、足高0.9厘米

1991年江阴夏港尚书墩东新开河工地宋墓出土

定窑白釉银扣印花莲瓣纹碗

宋

通高8.7、口径16.8、底径6.8、足高1厘米

1991年江阴夏港尚书墩东新开河工地宋墓出土

定窑白釉银扣刻花折腰碗

宋

通高4.3、口径20.1、底径6.2、足高0.4厘米

1991年江阴夏港尚书墩东新开河工地宋墓出土

定窑白釉银扣双凤穿花纹碗

宋

通高4.5～4.9、口径15.7、底径2.6厘米

1991年江阴夏港尚书墩东新开河工地宋墓出土

定窑白釉银扣刻花盘

宋

通高2.3、口径12.8、盘心10.2、底径9.3厘米

1991年江阴夏港尚书墩东新开河工地宋墓出土

白釉梅瓶

宋

通高29、口径7.4、颈高3.5、腹径18、底径8.8厘米

1978年江阴夏港尚书墩葛氏家族墓出土

白釉梅瓶

宋

通高35、口径10.2、颈高1.5、腹径20、底径10.4厘米

1977年江阴绮山北麓宋墓出土

白釉高足杯

宋

通高11.3～11.7、口径11.3、底径7.7、足高6.1厘米

1976年江阴申港北宋绍圣二年张十七郎墓出土

影青盘龙瓷灯座

宋

通高12.9、口径9.8、腹径12.3、中间孔径3.1、底径11.3厘米

1984年江阴云亭三房巷村出土

影青连座香炉

宋

通高11.2、口径4.6、腹径7.2、底径4.8～7厘米

江阴博物馆藏

青白瓷执壶

北宋

通高20.7、口径7.1、颈高7.4、底径6.5、足高1.1厘米

江阴博物馆藏

青白釉莲瓣高足杯

宋

通高14.4～15.2、口径9.3～10.6、底径9.7厘米

1976年江阴申港北宋绍圣二年张十七郎墓出土

龙泉碗

明

上：通高7.7、口径15.1、底径5.5、足高1厘米

下：通高7.7、口径15.2、底径5.7、足高1厘米

1987年江阴月城秦望山南麓明墓出土

龙泉碗

明

左：通高7.45～7.7、口径14.7、底径6.2、足高1.2厘米

右：通高7.8～8、口径14.6、底径6.05、足高1厘米

1986年江阴南门磨盘墩明承理妻刘氏墓出土

青花釉里红瓶

清康熙

通高15.1、口径2.9、腹径7.9、底径5.9厘米

1989年陶白捐赠

粉彩茶壶

清嘉庆
通高9.7、口径5.9、腹径9.2、底径5厘米
1989年陶白捐赠

茶　盏

清嘉庆

上：通高6.15、口径9.2、底径3.2厘米

下：通高6.05、口径9.2、底径3.2厘米

1989年陶白捐赠

茶盏托

清道光

左：通高3.2、口径14.8×9.4、底径5.5厘米

右：通高3.2、口径14.7×9.1、底径5.4厘米

1989年陶白捐赠

豆青粉彩福寿船形盏托

清同治
左：通高3.8、口径18.7×8.5、底径10.7×5.6厘米
右：通高3.8、口径18.7×7.9、底径10.2×5.6厘米
1989年陶白捐赠

青花人物瓷碟

清末

通高3、口径14.8、底径12.2厘米

江阴城内辅延小学工地出土

钧红鹿首尊

清末

通高34.2、口径13.2、腹径22、底径14.4厘米

1989年陶白捐赠

青花大瓷盘

清

通高6.1、口径33.5、底径21.3厘米

江阴博物馆藏

江阴文物精华

江阴博物馆馆藏青铜器年代最早的可追溯到商代，在花山遗址的考古发掘中，出土了大量的冶炼青铜器的工具——坩埚和挹铜陶勺，至于实物则有佘城遗址出土的铜锛和镂空铜镞。就东南地区的青铜冶炼技术而言，从一开始就遵循着实用、简洁的原则，生产工具自然就成为在缺乏充裕铜源条件下的首要选取对象。在此基础上，还独辟蹊径，开创了一个独具特色的技术领域——冷兵器，这无疑是中国古代青铜冶炼技术的一朵奇葩。至春秋战国时期，这项技术以青铜剑为代表发展到了顶峰。干将、莫邪成为了“剑神”，受到后人敬仰。佘城遗址的这件铜镞不同于中原地区同时期的箭镞，修长的形制、镂空的装饰、锋利的刃部，是早期东南地区青铜冷兵器的代表。

汉代至南北朝时期的青铜制作技术，各地区之间在造型、装饰和图案上已经相差无几。

青铜器

四神铜带钩，出土于江阴滨江开发区汉墓，长方形凹格，浮雕青龙、白虎位居上下，玄武居其间，曲钩首为朱雀，体现出设计者高超的想像力和创造力。同样，鸟首铜锥盉设计精巧美观，器底的烟炱痕及中空的把手，证明是一件实用的温酒器。三国时期的龙虎纹铜镜，纹饰精美，一龙一虎，环绕圆纽，犹如龙虎争斗，方枚上有铭文“富贵昌乐未央”。莲瓣形铜镜出土于江阴夏港宋代葛氏家族墓地，纹饰带有宗教色彩，莲瓣的外形，桥形纽位于镜上端，便于悬挂。铭文两侧为篆书“轩辕维法造丹药，百炼成得者身昌”；中间为楷书三行，似乎是个谜面：“人有十口前，牛无角，后牛有口走。”纹饰为香炉、云气、鱼和浪花，铭文和纹饰应与道教有关。

两件馆藏元代铜权，形制相似。其中1984年出土于江阴林场的至元廿五年（1288年）铜权，呈葫芦形，方纽，上窄中宽，近底部束腰，上有编号“廿四”，对研究元代的衡器具有一定的意义。

回纹铜鼎

西周

通高21.5、口径24.4、足高7.3厘米

1989年江阴周庄陶城出土

铜编镈之一

春秋晚期
通高26.2、宽17.5、纽高5.8厘米
江阴博物馆藏

铜编镈（九件）

春秋晚期

通高15～26.2、宽9.1～17.5、纽高3.8～5.8厘米

江阴博物馆藏

铜编钟（九件）

春秋晚期
通高18～27.4、宽9.8～18.8、纽高3.3～5.5厘米
江阴博物馆藏

铜 镞

商周

通长7.5、宽2.2、厚0.8厘米

2000年江阴云亭佘城遗址出土

铜戈式刀

春秋战国

长31.3、宽9.7、厚2.3、孔径1.1厘米

1990年江阴周庄砂山北麓出土

铜 斧

春秋战国
长10.8、宽9.2、厚2.4厘米
1990年江阴周庄砂山北麓出土

铜 斧

春秋战国
长8.8、宽7.3、厚2.4厘米
1990年江阴周庄砂山北麓出土

铜 剑

战国

通长55.6、宽4.9厘米

江阴博物馆藏

铜　剑

战国
通长49、宽5.3厘米
江阴博物馆藏

铜　剑

战国
通长45.2、宽4.8厘米
江阴博物馆藏

四神铜带钩

汉

通长12.2、宽4、厚2.7厘米

1994年江阴滨江开发区汉墓出土

博山盖画像纹铜樽

汉

通高46.8、口径33.2、壁厚0.6、盖高18.9、足高4.2厘米

江阴博物馆藏

龙首柄铜鐎斗

汉

通高18.6、口径16.9、宽29.8、足高8.3厘米

1973年江阴文教局移交

鸟首铜鐎盉

汉

通高15、宽29.6、腹径21.4厘米

1987年江阴长山蟠龙山北麓出土

龙虎纹铜镜

三国
直径15.4、缘宽1.1、纽高1.1、厚0.5厘米
1991年江阴滨江开发区黄山桥出土

海兽葡萄纹铜镜

唐
边长9.2、厚1.1厘米
江阴废品回收站征集

莲瓣形铜镜

宋

通长20.3、宽14.7、纽高2.4、厚0.7厘米

1978年江阴夏港尚书墩葛氏家族墓出土

铜　权

元

通高7.3、最大径3.6、底径3.4厘米

1986年江阴青阳里旺里村出土

铜　权

元

通高8.8、最大径4.7、底径4.2厘米

1984年6月江阴林场出土

铜　鼓

明清

通高28.2、最大直径47.6、底径46厘米

1978年江阴璜土金武祥孙金永宁捐赠

铜 鼓

明清

通高28.4、最大直径49.7、底径47厘米

1978年江阴璜土金武祥孙金永宁捐赠

江阴文物精华

中国使用金银制器具有悠久的历史，江南地区更是不同寻常。至宋代，金银器受文人士大夫阶层审美情趣的影响，以典雅质朴为特色，题材多来源于生活，并将丰富多样的装饰纹样与变化多姿的器物造型巧妙结合，达到和谐统一。江阴博物馆所藏莲藕金簪及五花头凤鸟金簪即是其中的代表。除此之外，山观窖藏出土的鎏金银发饰，品种多、类型广，是不可多得的南宋时期金银饰。

元代金银器与宋代在风格上较相似，讲究造型的精巧和洗练，通体光素者较多，且多为日常用品。1980年申港出土的元代福禄寿三星鎏金银盒，构图生动流畅，层次错落有致，充分显示了古代工匠的精湛技艺。1972年青阳出土的9件套银酒具较多地运用了锤鍱、錾刻、焊接等技法，尤其是银钵的纹饰用浅浮雕凸显出梵文及莲瓣的主题纹饰，体现了藏传佛教在江南地区的流传，为研究元代金银器皿提供了新资料。

明代，随着江南经济的发展，民间的金银手工艺制作也盛极一时。江阴明墓中常见有金银饰品随葬，分别出土于长泾和青阳的两套明代金银器更是巧夺天工。1977年青阳夏元贞

金银器

妻邹令人墓所出金银饰采用錾刻、镶嵌、隐起等工艺。其中嵌宝石凤凰金头银簪、蝴蝶牡丹金头嵌宝石银簪、螳螂捕蝉金头嵌宝石银簪、鸳鸯戏莲金头银簪、艾虎五毒金头银簪，描绘事物虽为日常喜闻乐见之物，但在立意上不拘泥于一事一物，尽显金银细工的独具匠心。1972年长泾夏彝夫妇墓中出土的金银饰多采用极其复杂的花丝工艺来表现主题纹饰，无论各式耳坠还是各样金簪，处处可见花丝累绕。如艾叶形楼阁人物金簪，地纹用填丝方法制成多层次的精美纹样，楼台层叠，花草环绕，各色人物居于其中。方寸间宫殿楼阁巍峨屹立，亭台廊榭错落有致，并充分利用殿、台、楼、廊、栏、桥四周的间隙表现出林木蓊然、花草竞艳、清虚幽远、虚无缥缈的神仙境界。这些立体造形装饰设计新颖，精巧华丽，玲珑剔透，严嵩《天水冰山录》中的所谓"金厢楼阁群仙首饰"、"金厢累丝楼台人物首饰"当指此类。

金银器是江阴博物馆藏品中的亮点之一，我们挑选了其中最精美、最具代表的金银器70余件，以飨读者。

折股金钗

宋

通长18.6、钗头径0.36厘米　重38.55克

1991年江阴夏港尚书墩东新开河工地宋墓出土

莲藕金簪

宋

通长36.1、最宽处6厘米　重66.9克

20世纪70年代江阴夏港青山砖瓦厂出土

五花头凤鸟纹金簪

宋

通长13、宽19.2厘米　重60.5克

江阴博物馆藏

绞丝纹金手镯

宋

最粗0.7、最细0.4厘米　重62.6克

1985年江阴夏港青山窑厂出土

金手镯

宋

径5.4、宽1.05～1.54、厚0.15厘米　共重88.6克

1991年江阴西郊吴家村宋墓出土

亚字形海马纹鎏金银盘

宋

长13.7、宽13.5、高0.9厘米　重96.2克

1985年江阴夏港青山窑厂出土

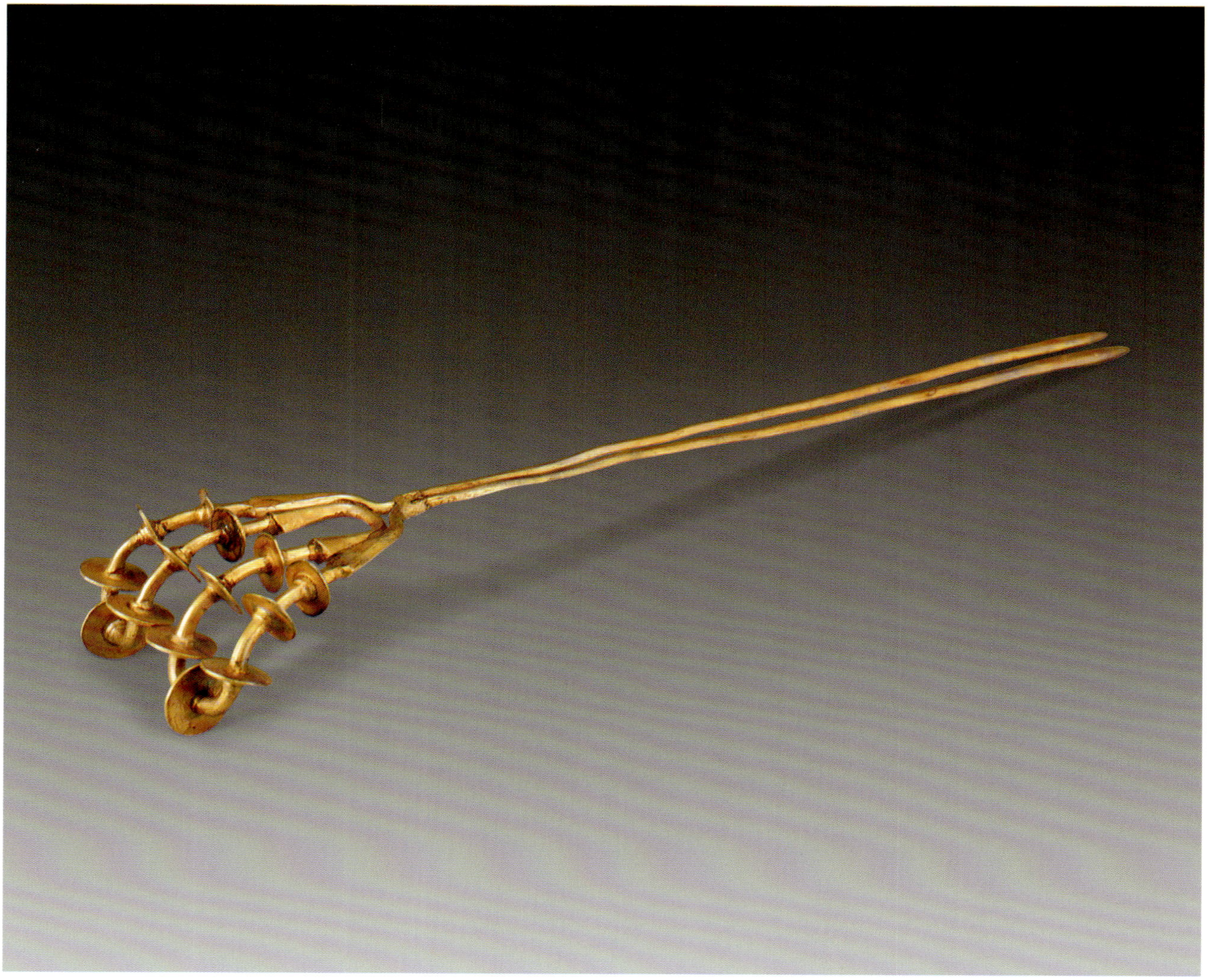

竹节鎏金银钗

南宋
通长15.8、最宽3.8厘米　重17.4克
1986年江阴山观窖藏出土

五花头鎏金银簪

南宋

通长11.5、宽23.3厘米　重83.3克

1986年江阴山观窖藏出土

七花头鎏金银簪

南宋

通长11.6、宽22、簪头每朵花径2.7厘米　重54.4克

1986年江阴山观窖藏出土

三花头鎏金银簪

南宋

通长11、宽11厘米　重27.8克

1986年江阴山观窖藏出土

三花头鎏金银簪

南宋

通长14.2、宽10.4厘米　重36.3克

1986年江阴山观窖藏出土

花卉鎏金银簪面

南宋

通长9.7、宽4.9厘米　重25克

1986年江阴山观窖藏出土

并头式花筒鎏金银簪

南宋
通长25.3、最宽7.1厘米　重32克
1986年江阴山观窖藏出土

花筒鎏金银簪

南宋
通长19.7、最宽3.8厘米　重15克
1986年江阴山观窖藏出土

桥梁式鎏金银钗

南宋

通长11.8、宽17.5厘米　重57克

2002年江阴梁武堰南宋墓出土

铭文银缠臂

南宋

直径6.5、厚0.1厘米

1986年江阴山观窖藏出土

福禄寿三星鎏金银盒

元
通高13.7、口径20.8、底径15.9、圈足高0.8厘米　重432克
1980年江阴申港张家店元墓出土

九件套银酒具

元

1972年江阴青阳南陈村出土

梵文银钵（九件套银酒具之一）

元

通高6.3、口径16.5、底径10.2厘米　重183.45克

1972年江阴青阳南陈村出土

喇叭足素面银杯（九件套银酒具之一）

元

通高3.9、口径7.4、底径3.1、足高1厘米　重38克

1972年江阴青阳南陈村出土

嵌宝石凤凰金头银簪

明

通长15.6、宽8.5厘米　重52.5克

1977年江阴青阳悟空邹令人墓出土

鸳鸯戏莲金头银簪

明

通长12.4、宽16.5厘米　重74克

1977年江阴青阳悟空邹令人墓出土

嵌宝石金头银簪

明

通长10.3、宽15.5厘米　重38.7克

1977年江阴青阳悟空邹令人墓出土

艾虎五毒金头银簪

明

均通长15.5厘米　共重65克

1977年江阴青阳悟空邹令人墓出土

蝴蝶牡丹金头嵌宝石银簪

明

均通长15.8厘米　共重127克

1977年江阴青阳悟空邹令人墓出土

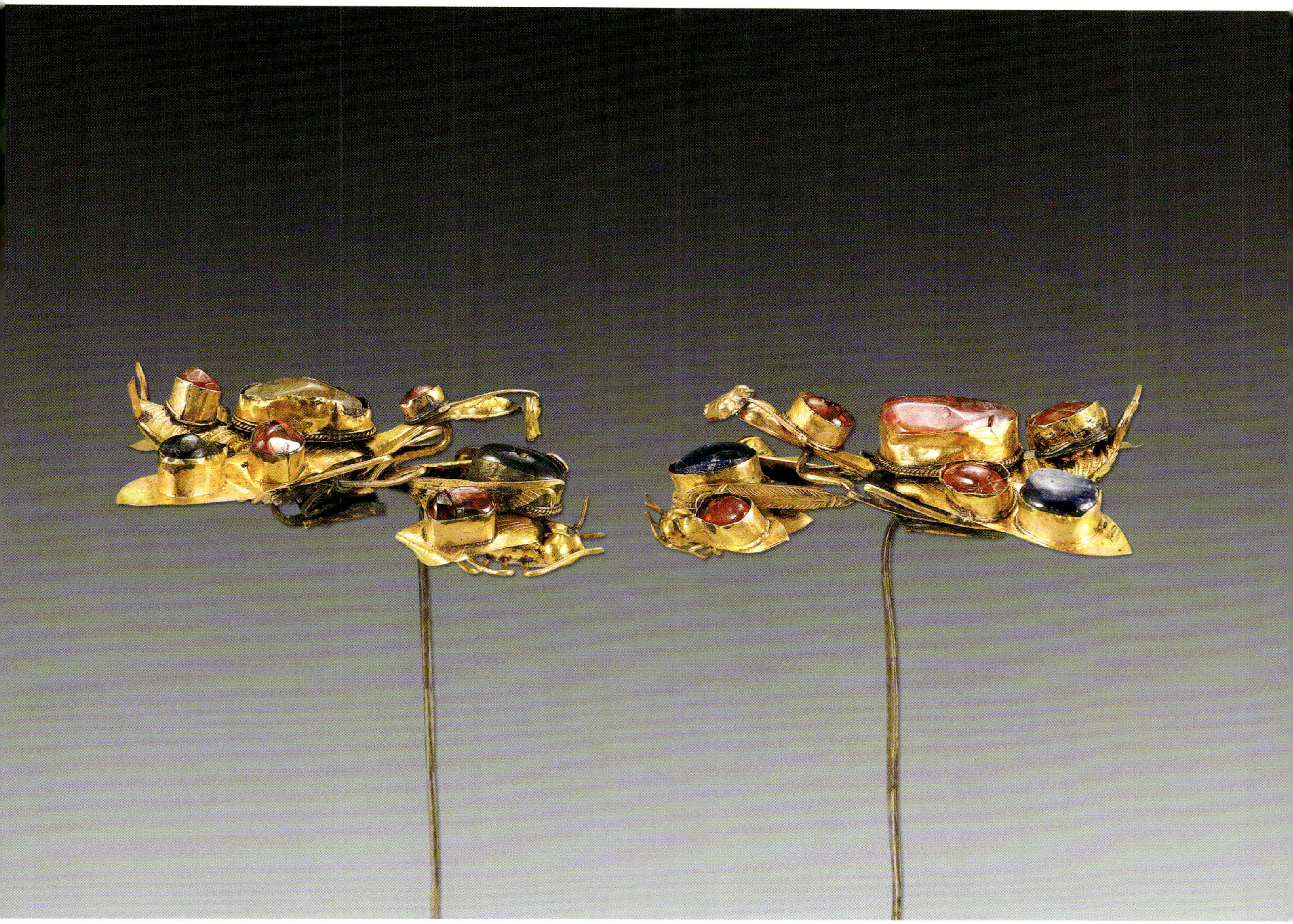

螳螂捕蝉金头嵌宝石银簪

明
左：通长9.8、宽5.7厘米　重20.55克
右：通长10.2、宽5.4厘米　重21.4克
1977年江阴青阳悟空邹令人墓出土

金头银簪

明

均通长13.1厘米　共重118.5克

1977年江阴青阳悟空邹令人墓出土

嵌宝石大花金簪

明

通长15.6厘米　重36克

1977年江阴青阳悟空邹令人墓出土

金花针

明

左：葵花头　通长9厘米　重4.62克

中：单瓣覆莲头　通长8.85厘米　重4.9克

右：复瓣覆莲头　通长8.85厘米　重5.08克

1977年江阴青阳悟空邹令人墓出土

嵌宝石金耳坠

明

均通长7.45厘米　共重18克

1977年江阴青阳悟空邹令人墓出土

龙首连珠金手镯

明
共重229.76克
1977年江阴青阳悟空邹令人墓出土

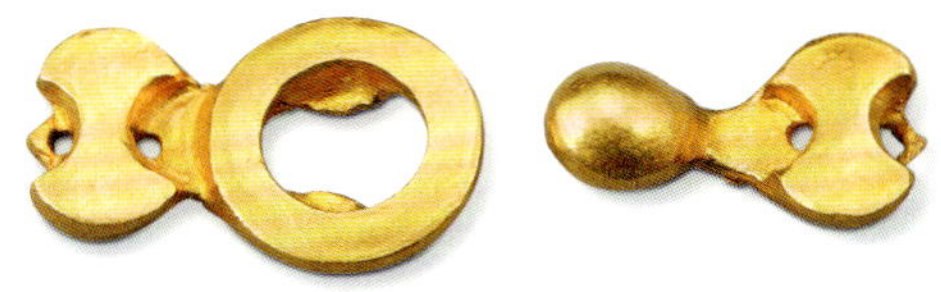

定胜形金搭扣

明
长2.7厘米　重3克
1977年江阴青阳悟空邹令人墓出土

桃形楼阁人物金簪

明

通长11.6、宽4.3厘米　重42.4克

1972年江阴长泾九房巷明墓出土

山形楼阁人物金簪

明

通长11.2、宽10厘米　重50克

1972年江阴长泾九房巷明墓出土

艾叶形楼阁人物金簪

明
通长18.4、宽3.65厘米　重61.5克
1972年江阴长泾九房巷明墓出土

如意云形金簪

明

均通长9.4厘米　共重19克

1972年江阴长泾九房巷明墓出土

如意金簪

明

通长15.8厘米　重36.6克

1972年江阴长泾九房巷明墓出土

嵌宝石如意金簪

明

通长14.3厘米　重22.8克

1972年江阴长泾九房巷明墓出土

嵌玉金簪

明

均通长12.1厘米　共重31.85克

1972年江阴长泾九房巷明墓出土

金花簪

明
均通长11.9厘米　共重84.1克
1972年江阴长泾九房巷明墓出土

葫芦形金耳坠

明
通长8、葫芦头径1.75厘米　重14.6克
1972年江阴长泾九房巷明墓出土

葫芦形金耳坠

明
左：通长7.6、葫芦头径1.35厘米　重9克
右：通长7.3、葫芦头径1.38厘米　重9.2克
1972年江阴长泾九房巷明墓出土

云托日形三足乌金片

明

通长5.5、宽3.25、厚0.02厘米　重1.9克

1981年江阴周庄鸡笼山明墓出土

花卉纹金背木梳

明

通长3.5、宽6.9、背宽1厘米

江阴北涸出土

江阴文物精华

江阴滨江近海，经济富庶，历史悠久，人文渊薮，自古为泰伯化育之邦、季子躬耕之地，故有“延陵古邑”、“春申旧封”之称。由地理环境和人文环境相互作用，江阴形成了“崇古风、重文化、爱艺术、精鉴赏、好收藏”之风气。元末名画家倪瓒晚年曾在长泾隐居多年，所藏名画法帖众多。明代地理学家、旅行家、“千古奇人”徐霞客把一生所藏名人法书汇集“晴山堂石刻”，成为明代书法之缩影。清代书法篆刻家沈凤、学者李兆洛、画家缪炳泰等均收藏甚富。画家吴儁“倦游返里，不名一钱，赆行诗画满笑笥”，“适园”主人陈式金、陈曦堂父子将所藏历代书画珍品汇刻于石，“图书馆之父”缪荃孙、晚清诗人金武祥等无不雅好丹青翰墨，精于鉴知藏集。

江阴博物馆所藏历代书画作品主要来源于现代著名杂文家陶白先生的无私捐赠，其次

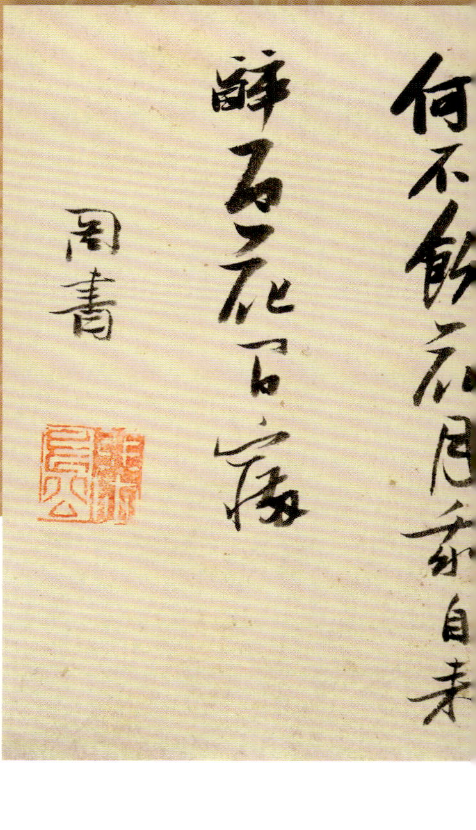

书画

来自“刘氏三兄弟”后裔、大收藏家钱镛等乡贤的捐献。今所刊20余件作品中，明代中期“吴门书派”代表文徵明的行书诗轴，妍媚流畅，清劲秀丽；继文徵明之后，“执吴门文坛牛耳三十年”的王穉登的行草诗轴，随情取势，俊逸洒脱；“钟王外辟一蹊径”的张瑞图的行草诗稿册，纵横牵掣，折翻奇逸；担当和尚所书行书诗轴，追旭越董，独出机杼。清代上官周的人物画，“仇英之外，别树一帜”；“扬州八怪”郑燮、边寿民、李鱓的书画，不守墨矩，抒发性灵；沈凤的四言律诗对联，笔法精熟，不失道美；道咸年间戴熙的设色山水图轴，用笔清秀，意趣甚高；晚清画家吴儁的人物画作，尤得古法，刻画细腻；近代书画泰斗齐白石、张大千、徐悲鸿、林散之等人的力作，笔墨凝练，淋漓酣畅……所选作品均代表了作者所处时代的艺术审美取向，从中折射出每一历史时期的人文精神，值得后人细细品读、鉴赏。

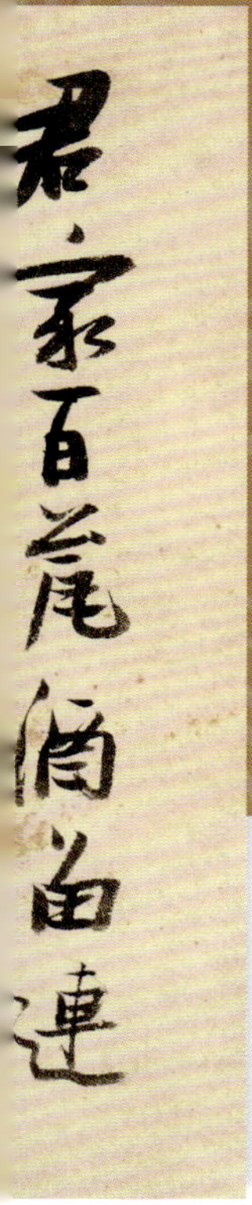

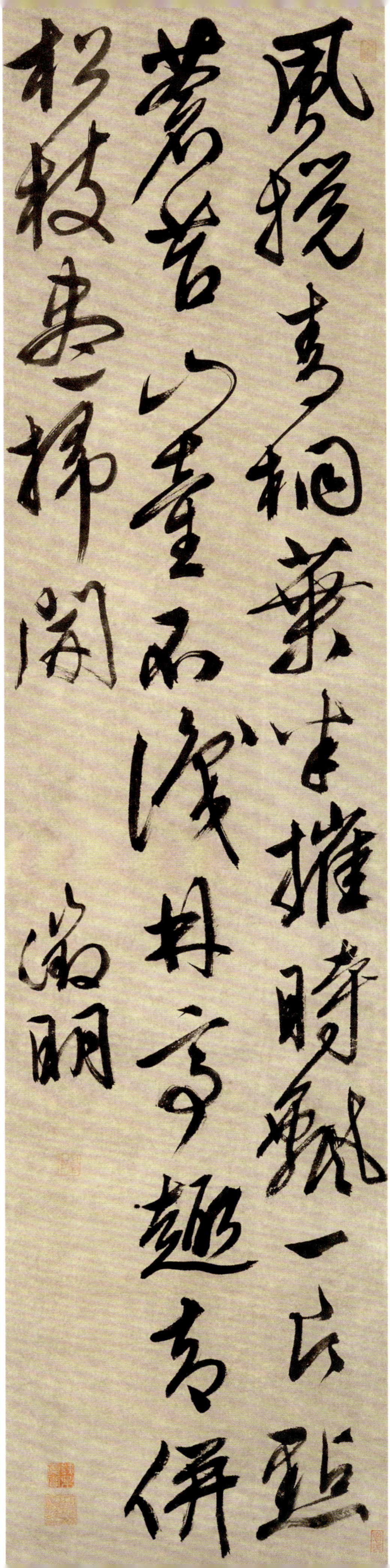

文徵明 行书

明

纸本 纵132、横31.5厘米

1989年陶白捐赠

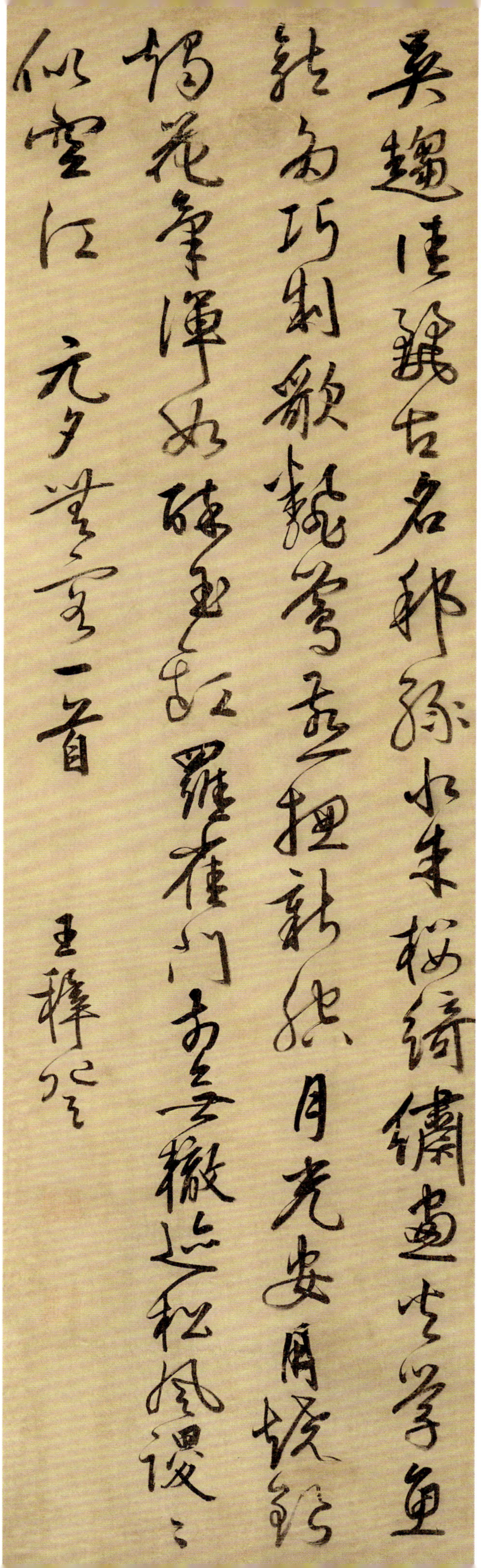

王穉登　行草

明

纸本　纵167.9、横49.7厘米

1989年陶白捐赠

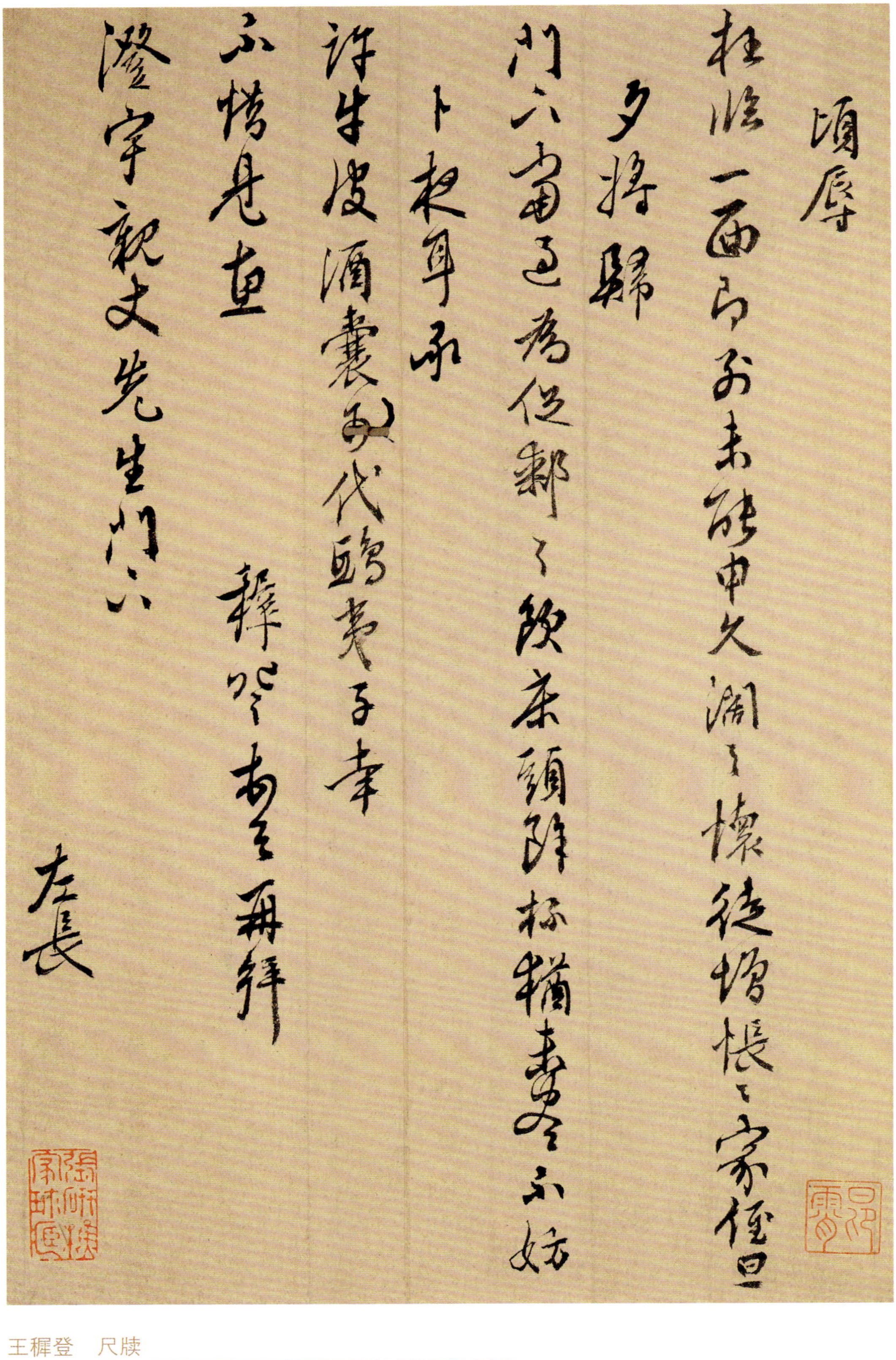

王穉登　尺牍

明

纸本　纵25.9、横17.3厘米

1989年陶白捐赠

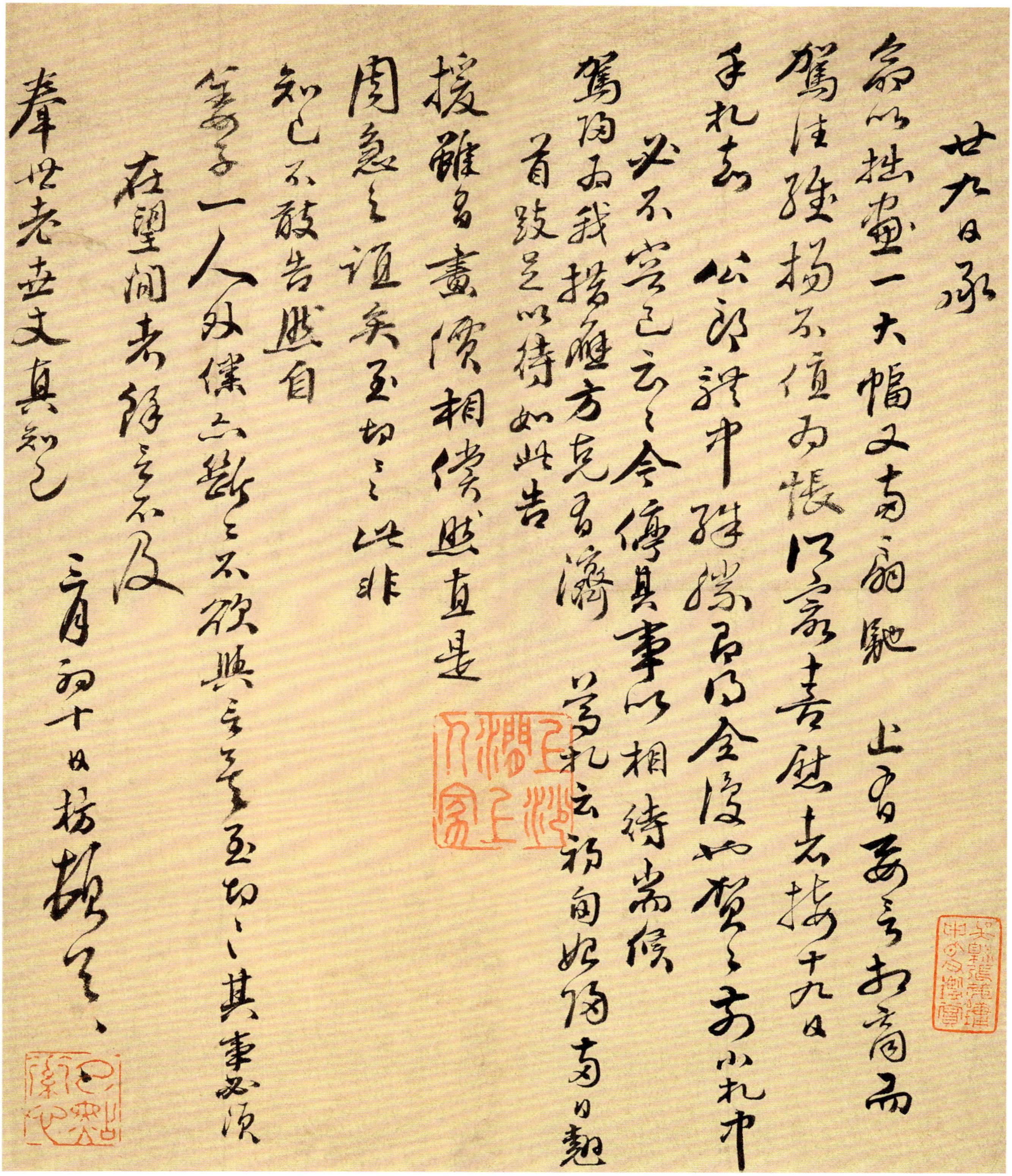

徐 枋 尺牍

明

纸本 纵27.5、横23厘米

1989年陶白捐赠

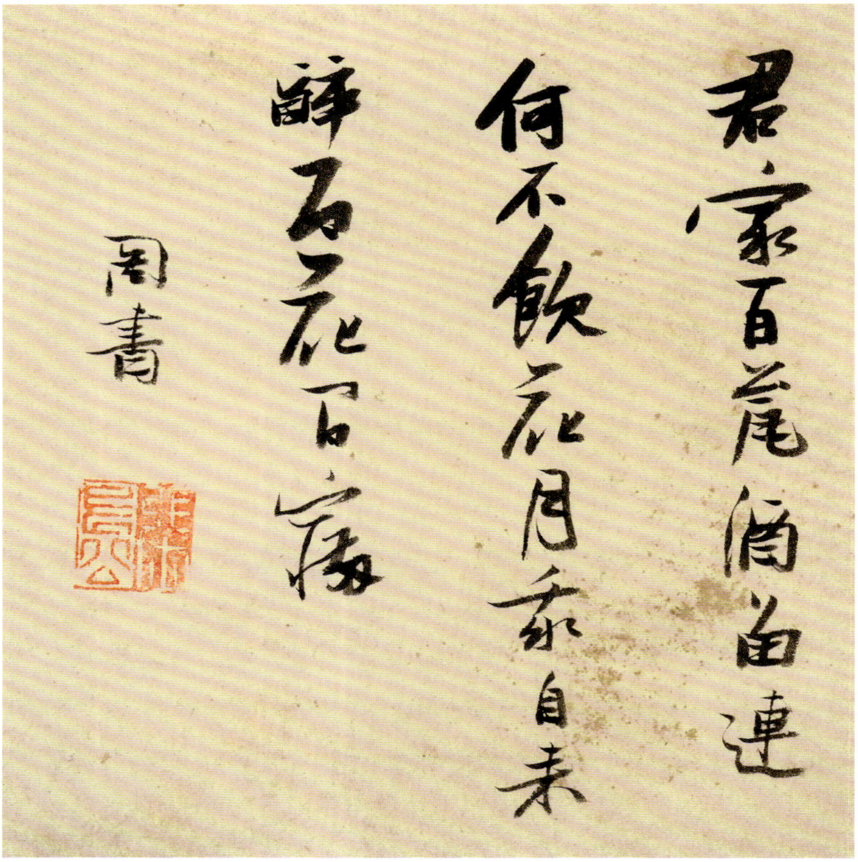

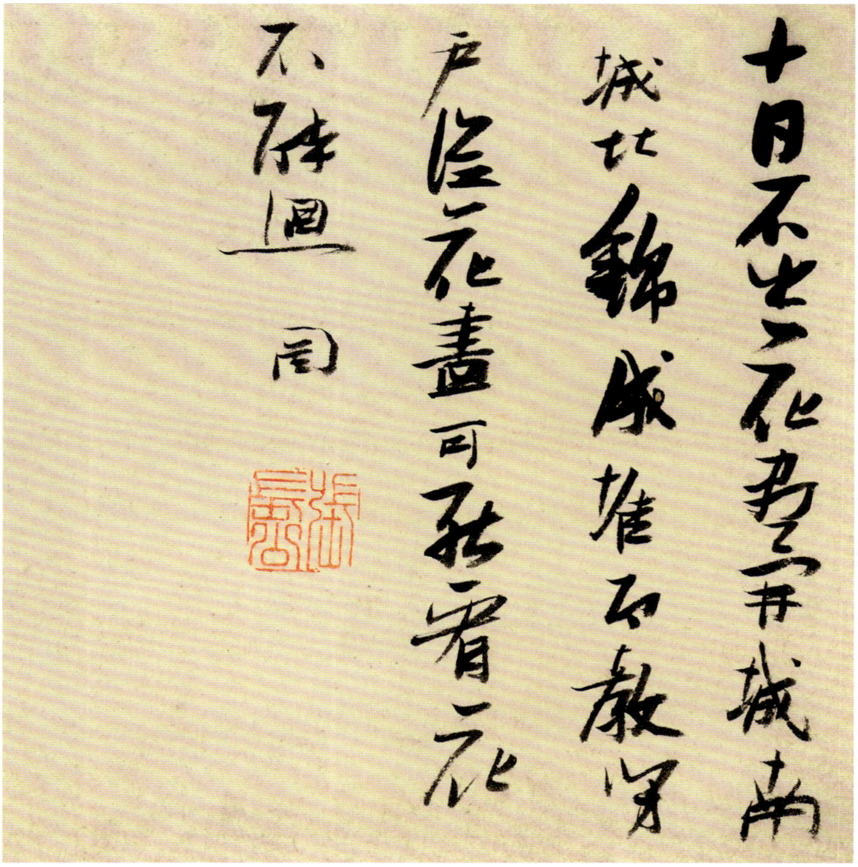

张瑞图　行草诗稿册

明

纸本　纵29.4、横33.5厘米

1989年陶白捐赠

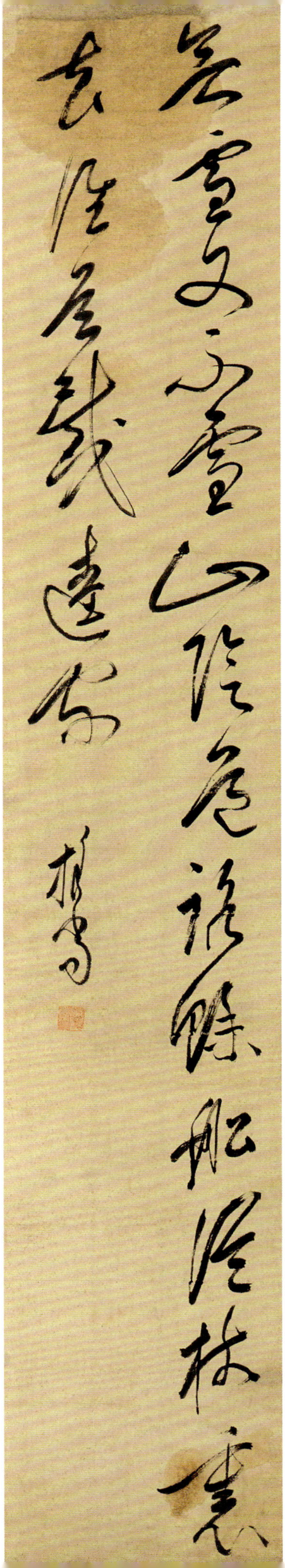

担当　行书

明

纸本　纵133.5、横22.8厘米

1989年陶白捐赠

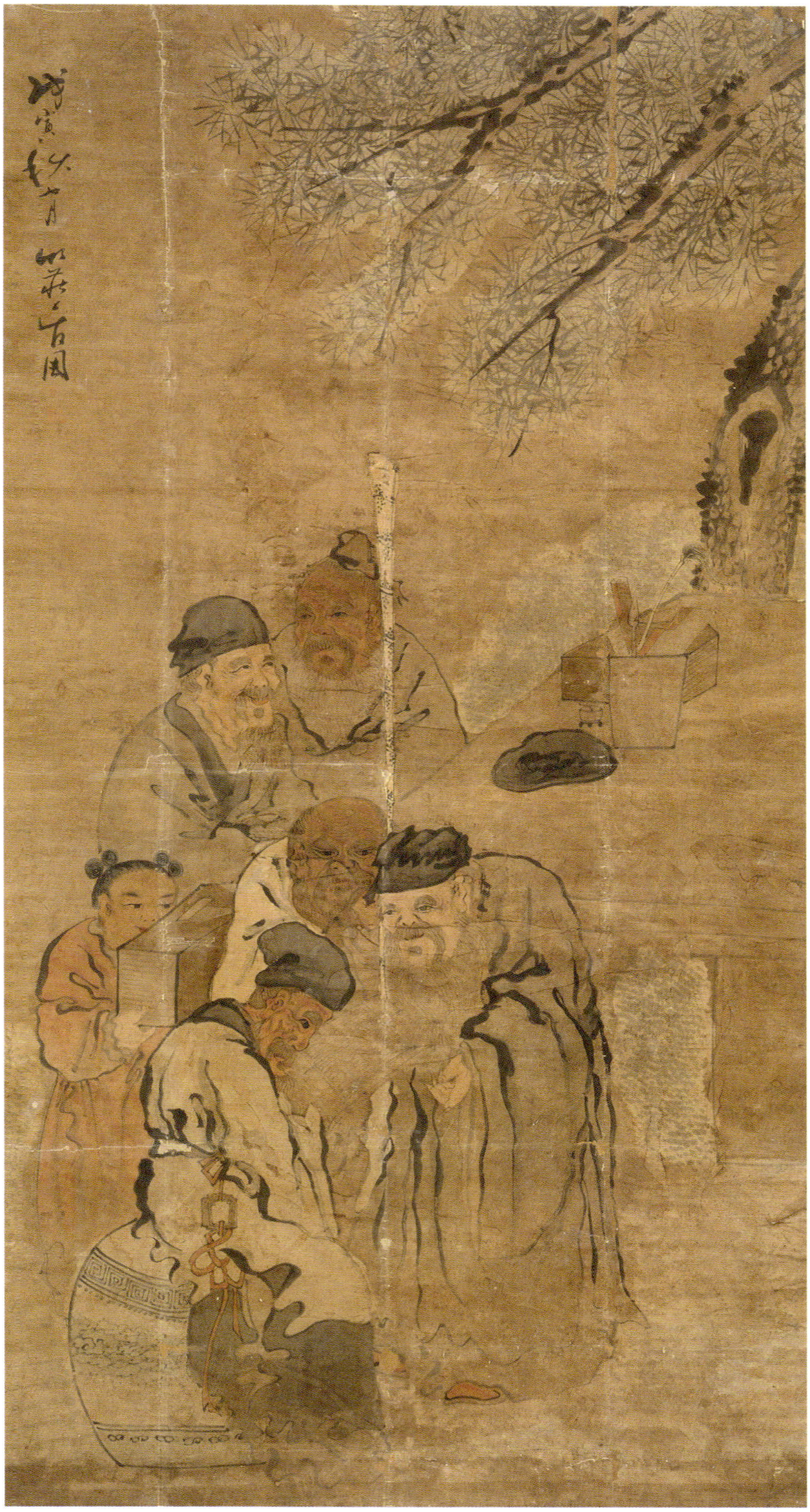

上官周 五老图

清

纸本 纵169、横88厘米

江阴博物馆藏

边寿民　墨荷图

清

纸本　纵63、横110厘米

1989年陶白捐赠

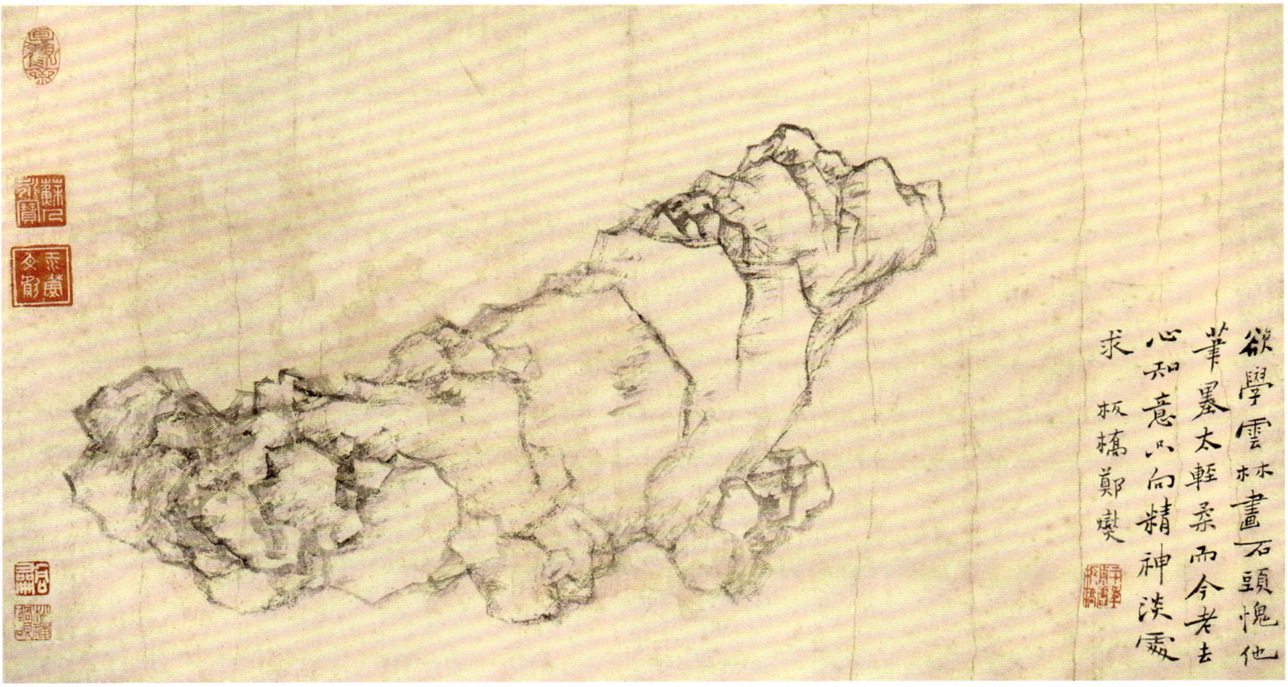

郑　燮　山石图

清

纸本　纵30、横55厘米

1989年陶白捐赠

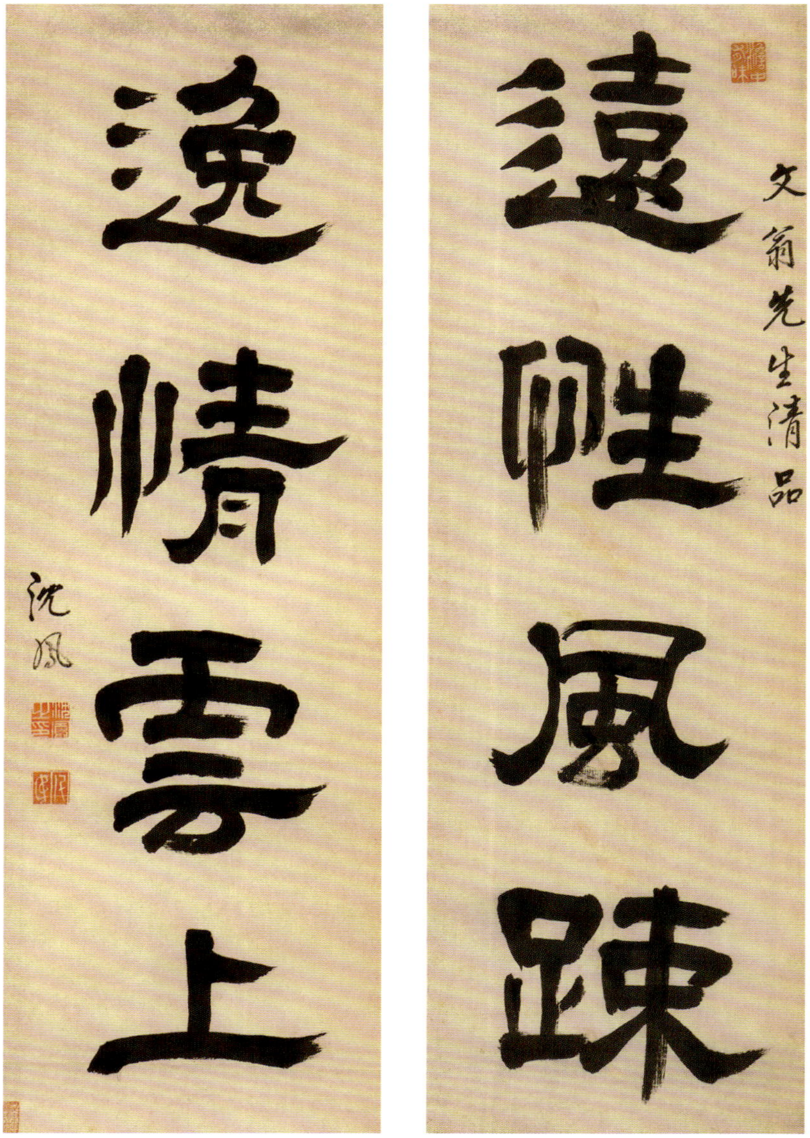

沈　凤　四言律诗对联

清
纸本　纵85.4、横27.4厘米
1992年苏州钱镛先生捐赠

戴　熙　设色山水图

清

纸本　纵151.3、横49.4厘米

1986年上海征集

吴 儁　仿新罗山人图

清

纸本　纵160.7、横94厘米

1992年苏州钱镛先生捐赠

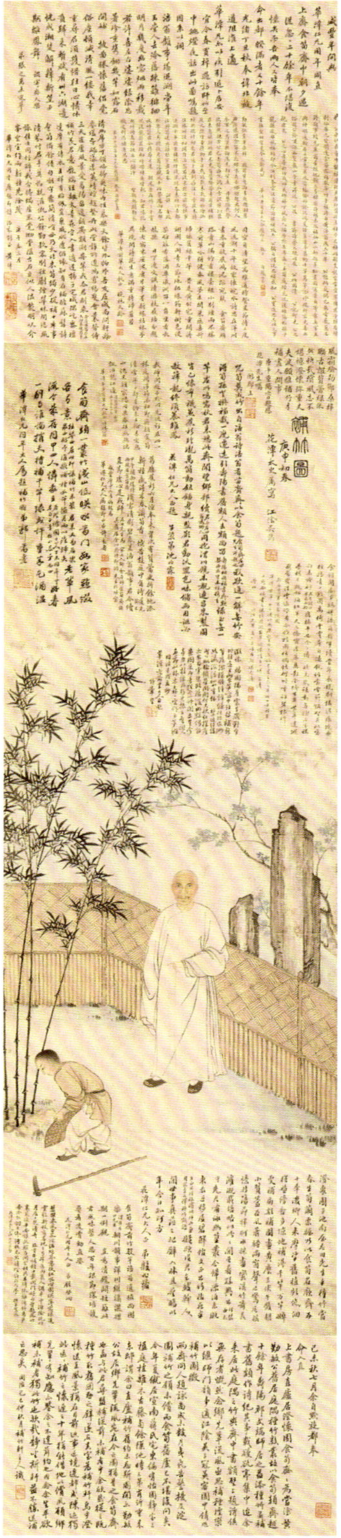

吴 儁 补竹图

清

纸本 纵190、横40厘米

1989年陶白捐赠

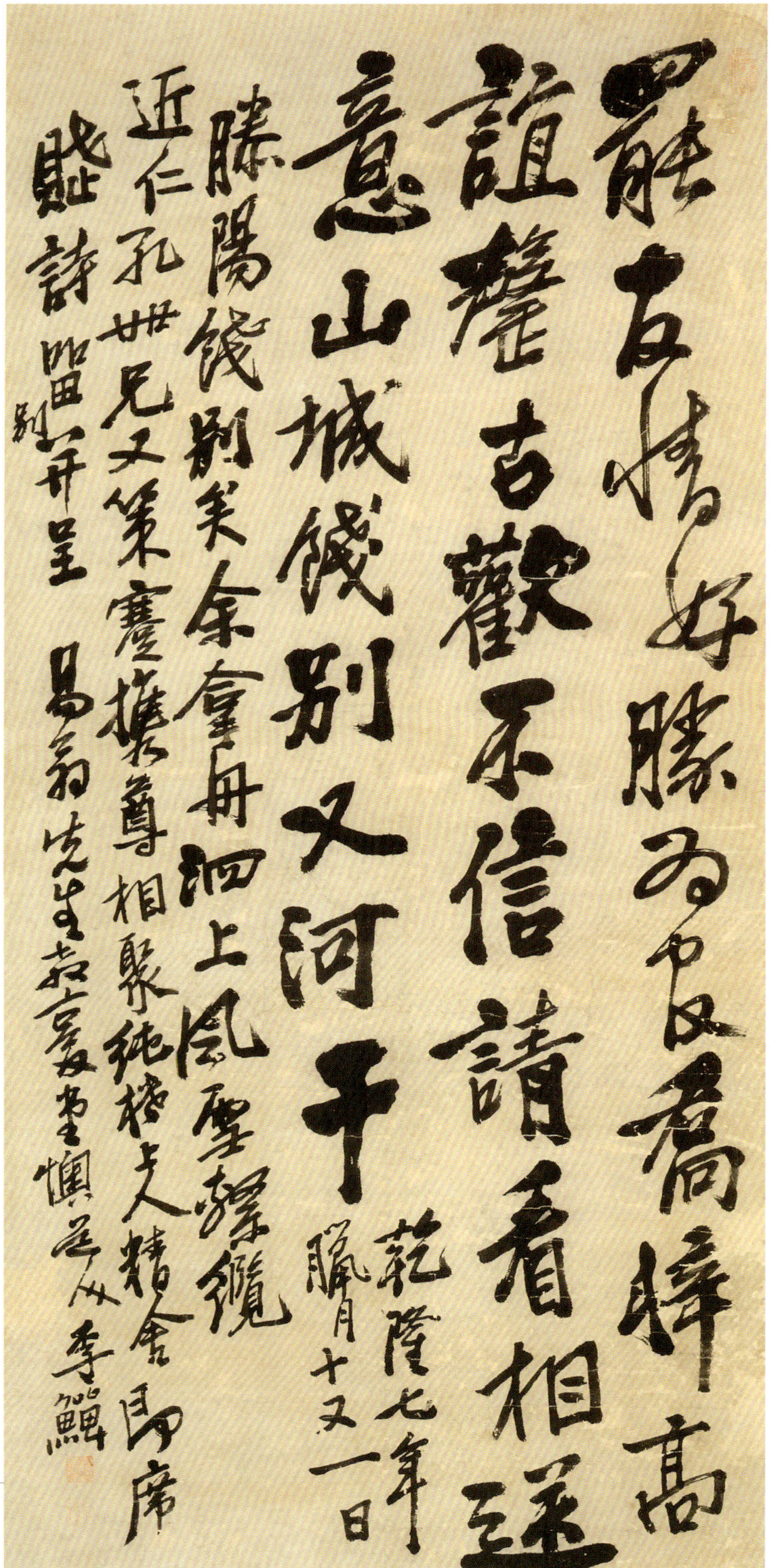

李鳝　行书

清

纸本　纵222、横82厘米

1989年陶白捐赠

齐白石　花卉图

近代

纸本　纵65、横31.5厘米

1990年刘北茂子女捐赠

黄宾虹　梅石图

近代

纸本　纵245、横58厘米

1989年陶白捐赠

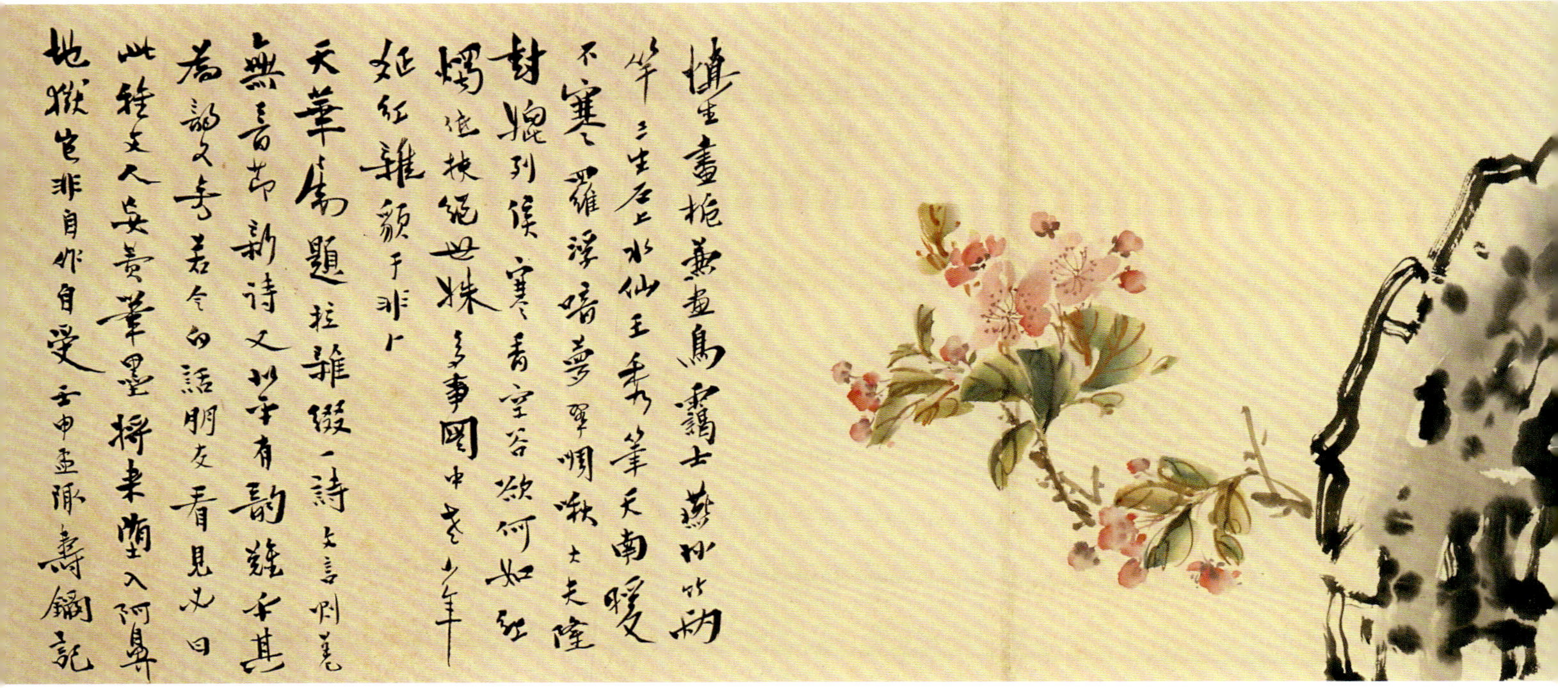

徐悲鸿、张大千等合作长卷

近代

纸本　横305.3、高32.8厘米

1990年刘天华子女捐赠

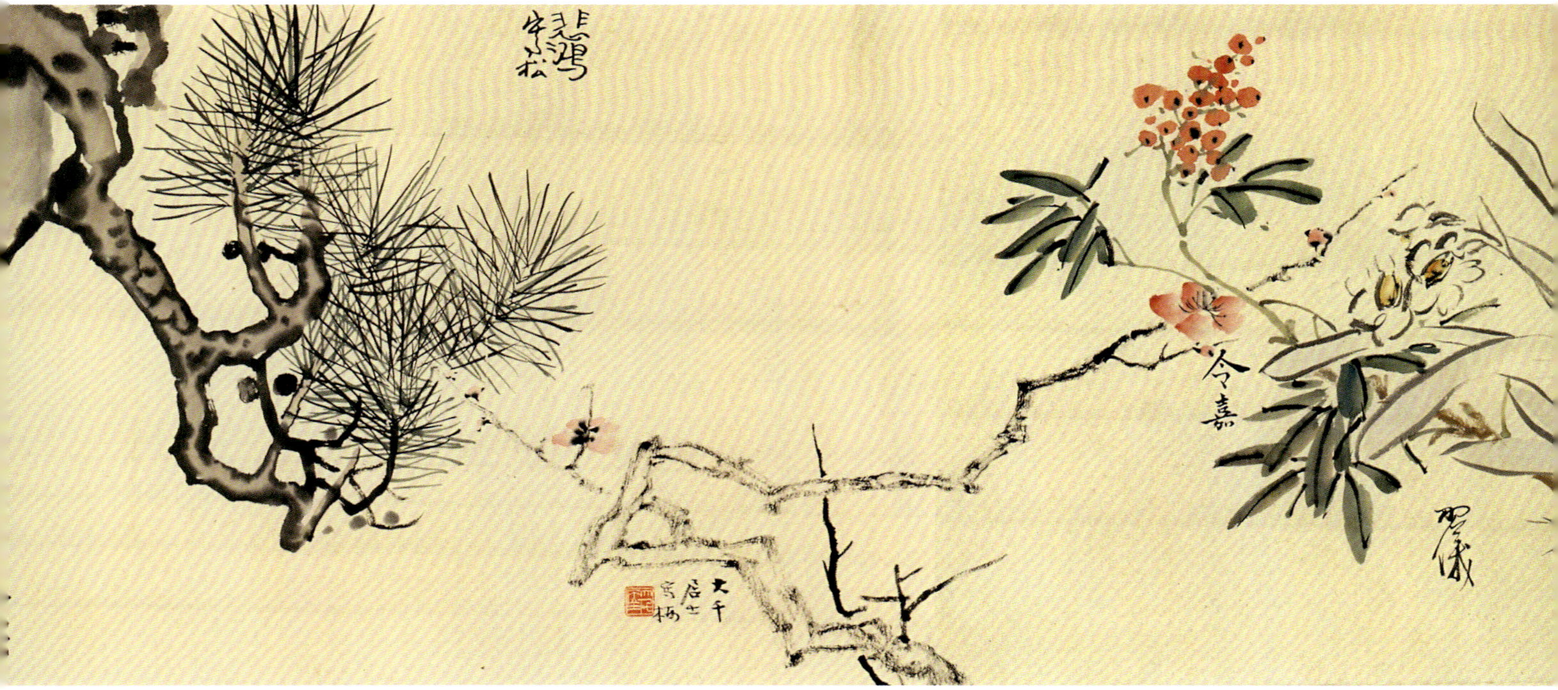
悲鴻 寫松
大千居士 寫梅
令嘉

徐悲鸿　墨马图

近代

纸本　纵68.5、横38厘米

1990年刘天华子女捐赠

徐悲鸿　刘天华素描画像

近代

纸本　纵39.7、横 29.3厘米

2007年刘天华子女捐赠

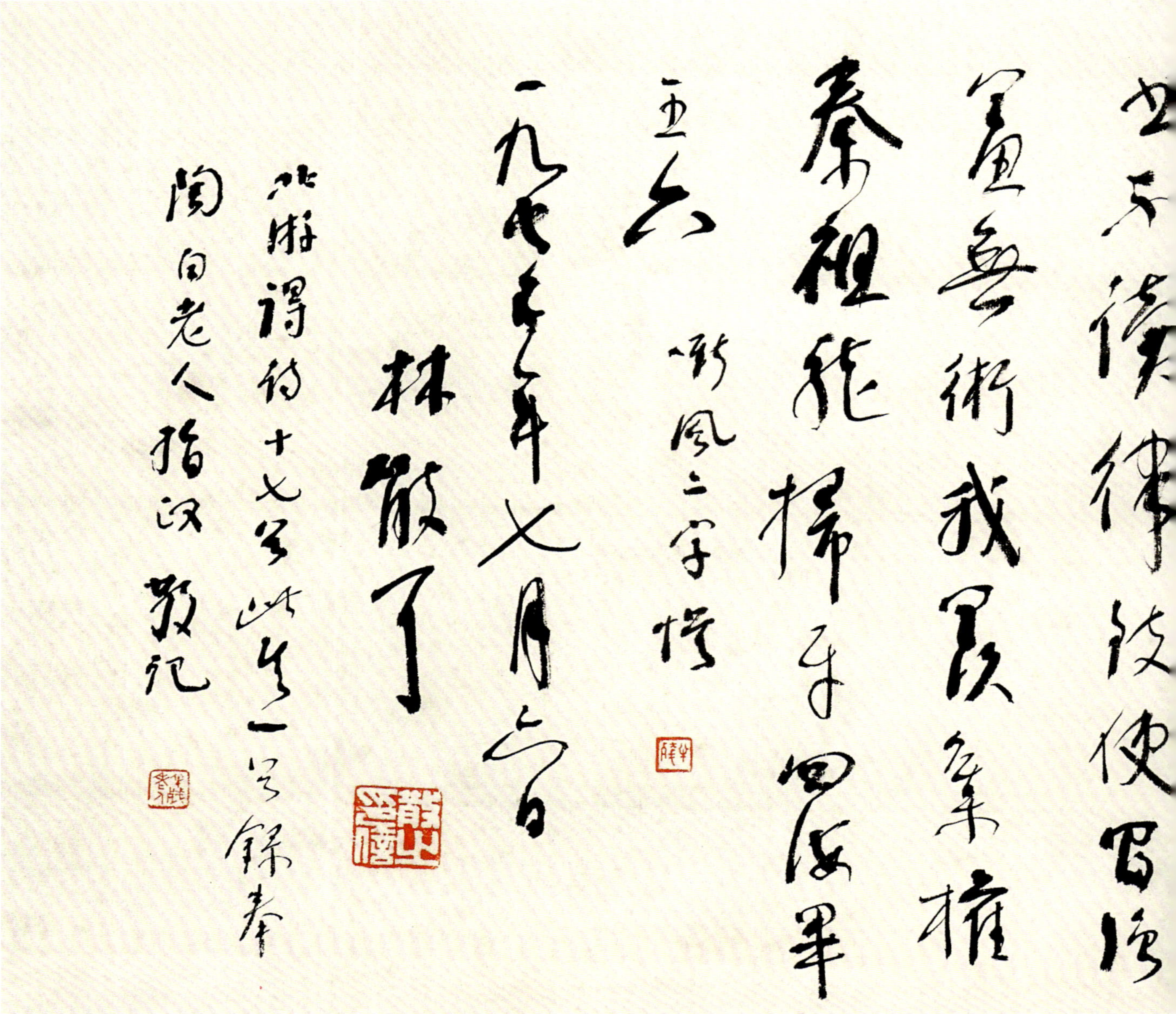

林散之　草书

现代
纸本　纵27、横65厘米
1989年陶白捐赠

登八達嶺望長城感賦

秦皇不曾駕雄鵬扬扶
雷霆振六合胡馬嘶風
夜嘶萬里風長城〻下
未敢牧燕雲嶺〻山迷
山雉但秦師出叩關
猜元圖獻荊卿犯國
破空忠太子丹
田男兄寅

汤定之等人合作九骨折扇（正、背）

近代

纸本　通长30.3、扇最大展幅50.5、扇面高17.8厘米

2007年刘天华子女捐赠

天氣乍晴花滿樹

江陰文物精華

馆藏宗教文物的来源较为庞杂，年代跨度也大，其间不乏考古发掘出土的精品，而这些精品的年代主要集中在宋代。1980年江阴夏港“瑞昌县君”孙四娘子墓和2003年青阳泗州大圣宝塔地宫出土的宝物成为馆藏宗教文物的精华。

孙四娘子墓出土的十一卷经卷中，江阴博物馆收藏有写经一卷，刻经二卷。《太上老君说常清静经》一卷，为楷书写经，梵夹（经折）装，分为15折，折宽11厘米，每折5行，满行9～12字不等。《佛说观世音经》一卷，为刻经，梵夹装，分47折，折高28、宽7.8厘米，每折4行，每行十六七个字，单线版框。引首为经变图一幅，上下右三边均有环形花边，下饰秋花纹边，左边刻有“将仕郎试江阴军助教葛诱雕板印施”。图中观世音菩萨坐须弥山中，左手托净瓶，右手拈莲花，其他人物姿态各异。卷尾墨书题记约150字，其中有“大宋国江阴军江阴县太宁乡就日里……许印观世音经一藏五千四十八卷……大中祥符六年癸丑岁”，时为公元1013年。《金刚般若波罗蜜经》一卷，为刻经，卷轴装，全卷共14开，每开28行，每行17字，单线版框。引首有经变图（佛会图）一幅，中坐如来，左右八金刚、诸菩萨，下面为或

宗教文物

跪或站的比丘从，旁边题榜注有名称，上、下边各绘法器图案。这三部经卷中两卷为梵夹装，且均有准确的时代依据，是研究我国佛经版本历史的极为宝贵的资料。

青阳悟空寺泗州大圣宝塔地宫出土的宗教文物以影青点褐彩舍利瓶、凤首银坐龙最为珍贵。影青点褐彩舍利瓶形似玉壶春式，小喇叭口，长颈，颈部饰竹节状凸弦纹，肩部外鼓，下腹弧收，瓶身施影青釉，口部和肩部有褐色点彩。器形独特，造型美观，大块褐斑与青釉结合紧密，相得益彰。凤首银坐龙呈蹲坐状，尖喙，丹凤眼，戴冠，有翼，头后披有羽毛，背有脊棱，通体饰鳞纹，造型略显夸张。

地宫所出石函是盛放这些文物的盛具，函盖上有铭文："常州太平兴国寺僧善聪伏睹 江阴军江阴县悟空院僧应云同行者 沈惟素募缘四众建造 泗州大圣宝塔以善聪收得众 舍利特置石函银瓶盛贮安藏于 塔下永充供养 大宋景德三年岁次丙午正月 日记"，诠释了悟空寺泗州大圣宝塔地宫的内涵，是对这批珍贵文物最好的注解。

人物佛像谷仓罐

西晋

通高47、腹径22厘米

江阴博物馆藏

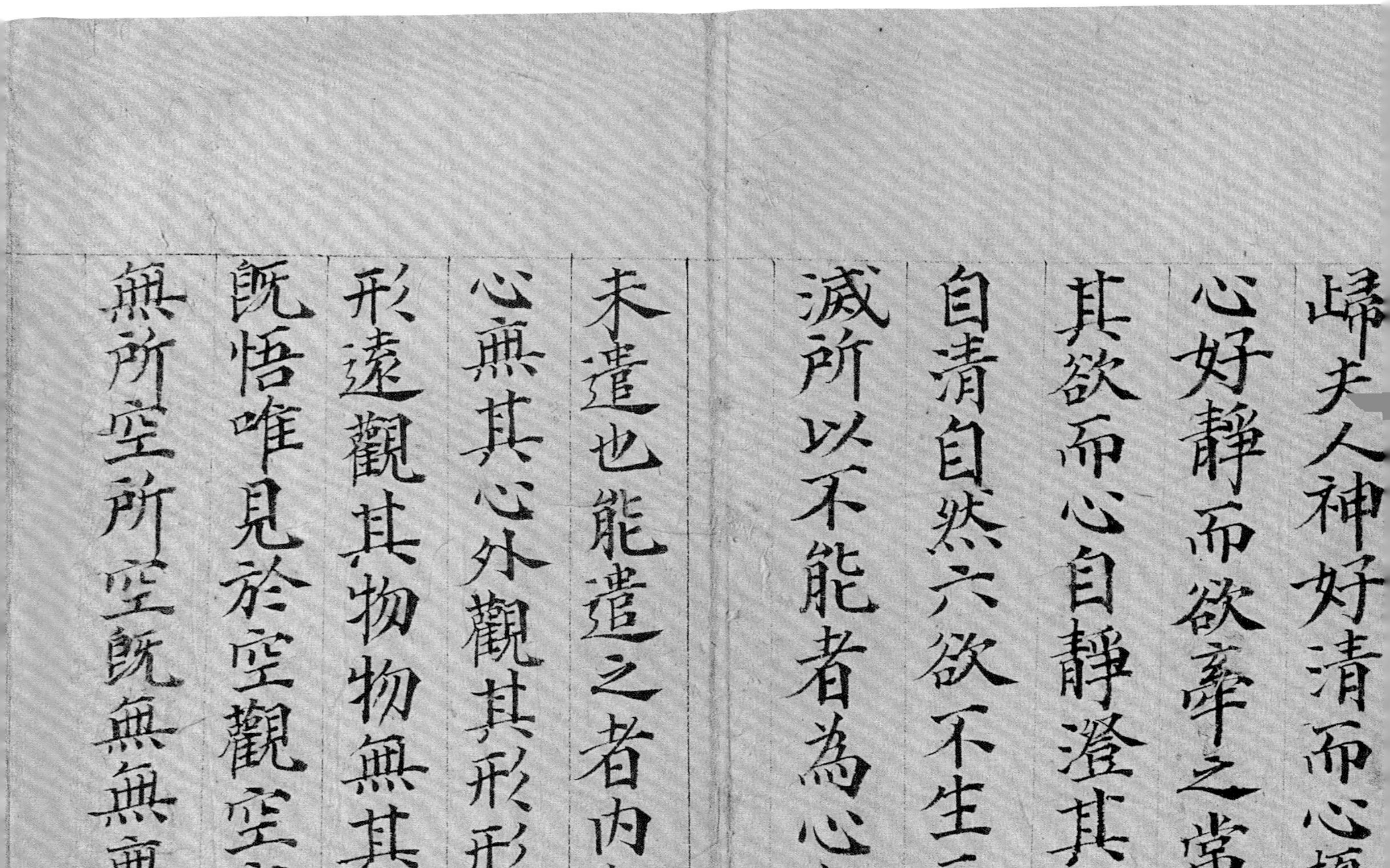
歸夫人神好清而心擾之人
心好靜而欲牽之常能遣
其欲而心自靜澄其心而神
自清自然六欲不生三毒銷
滅所以不能者為心未澄欲
未遣也能遣之者內觀其心
心無其心外觀其形形無其
形遠觀其物物無其物三者
既悟唯見於空觀空亦空空
無所空所空既無無無亦無

《太上老君说常清静经》

北宋

纸本　纵19.4、总横长170厘米

1980年江阴夏港尚书墩孙四娘子墓出土

太上老君說常清靜經

老子曰大道無形生育天地大道無情運行日月大道無名長養萬物吾不知其名強名曰道夫道者有清有濁有動有靜天清地濁天動地靜男清女濁男動女靜降本流末而生萬物清者濁之源靜者動之基人能常清靜天地悉皆

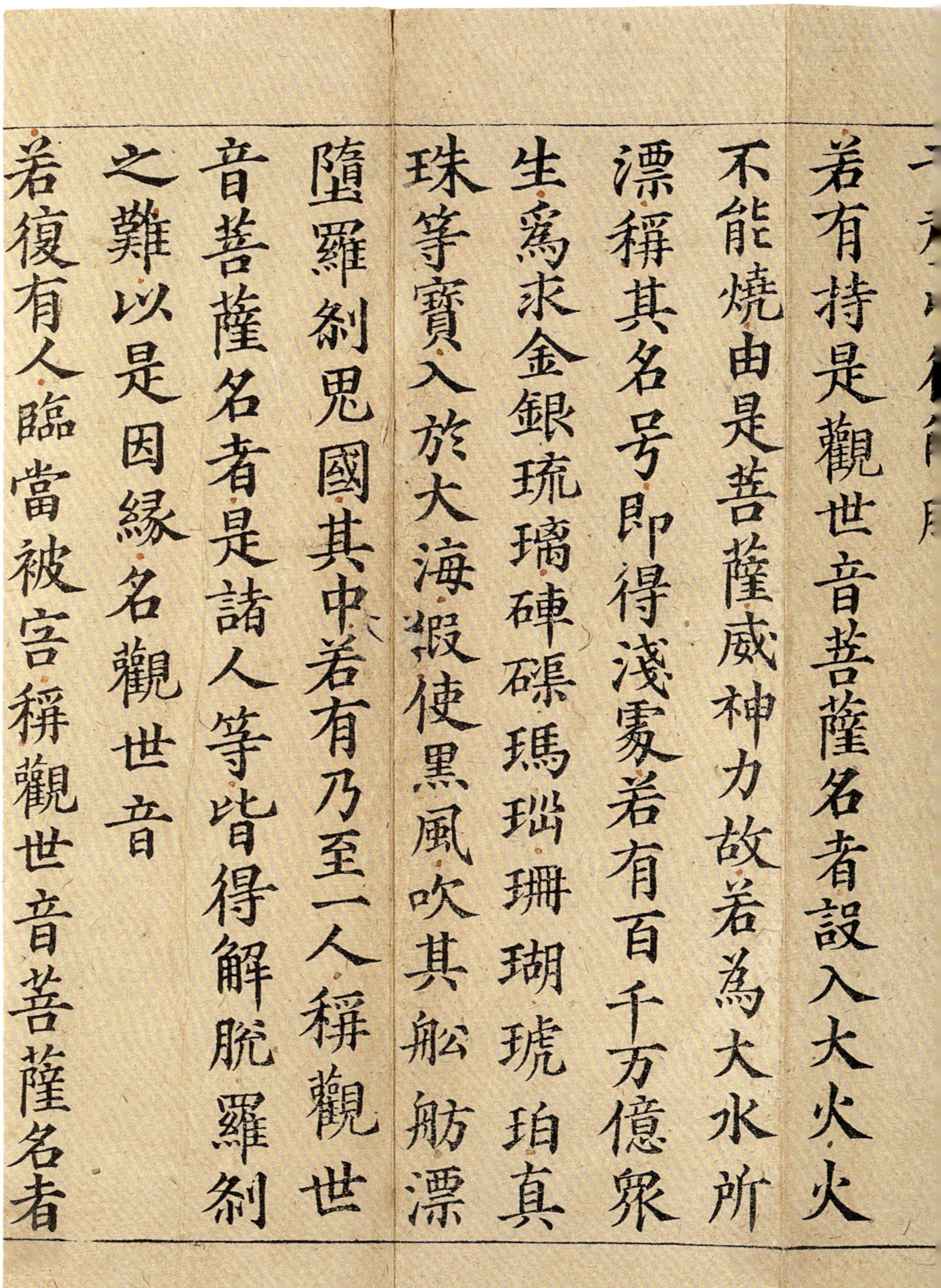

若有持是觀世音菩薩名者設入大火火
不能燒由是菩薩威神力故若為大水所
漂稱其名号即得淺處若有百千万億衆
生為求金銀琉璃硨磲瑪瑙珊瑚琥珀真
珠等寶入於大海假使黑風吹其舩舫漂
墮羅剎鬼國其中若有乃至一人稱觀世
音菩薩名者是諸人等皆得解脫羅剎
之難以是因縁名觀世音
若復有人臨當被害稱觀世音菩薩名者

《佛说观世音经》

北宋

纸本　纵28、总横长351.5厘米

1980年江阴夏港尚书墩孙四娘子墓出土

佛說觀世音經一卷

補闕真言

唵 呼嚧呼嚧 社野穆契 莎訶

時大宋國江陰軍江陰縣太寧鄉乾日里信心弟子將
仕郎試江陰軍助教葛誘為自身年七十二歲十一月五日
亥時生從去年冬風氣發動攻疰四肢至今秋相次醫
理未退遂發虔心許印 觀音經一藏五千四十八卷用
冀穰災集福今者印造經文散行流施普勸
十方信士同結殊因 大中祥符六年癸丑歲九月 日記

佛說觀世音經

尒時無盡意菩薩即從座起偏袒右肩合
掌向佛而作是言世尊觀世音菩薩以何
因緣名觀世音佛告無盡意菩薩善男子
若有無量百千万億衆生受諸苦惱聞是觀

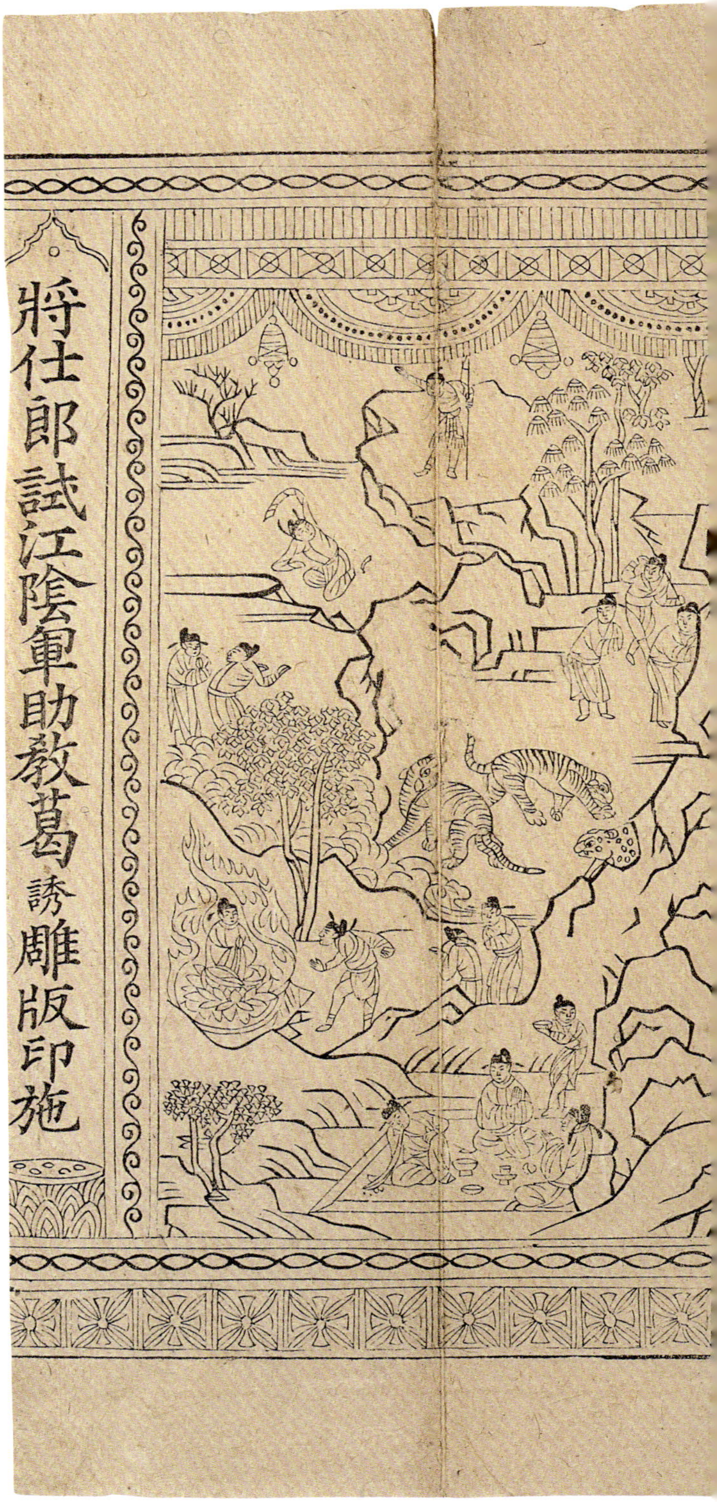

《佛说观世音经》

北宋

纸本　纵28、总横长351.5厘米

1980年江阴夏港尚书墩孙四娘子墓出土

《金刚般若波罗蜜经》

北宋

纸本　纵29.4～29.8、横长47.6～49.2厘米

1980年江阴夏港尚书墩孙四娘子墓出土

八金剛衆
金剛愛菩薩
比丘衆
須菩提
金剛語菩薩
天人衆

比丘衆
須菩提
舍衛國王
祇陀太子
天人衆

金剛愛菩薩
金剛語菩薩
金剛拳菩薩

影青点褐彩舍利瓶

宋

通高11、口径3.5、底径4厘米

2003年江阴青阳悟空寺泗州大圣宝塔地宫出土

影青瓷钵

宋

通高6.1、口径11.9、底径6.3厘米

2003年江阴青阳悟空寺泗州大圣宝塔地宫出土

石 函

宋

通高24.1、长32.7、宽22.5厘米

2003年江阴青阳悟空寺泗州大圣宝塔地宫出土

凤首银坐龙

宋

通高4.9、宽2.4厘米

2003年江阴青阳悟空寺泗州大圣宝塔地宫出土

鎏金铜佛指

宋

通高4、直径1.6厘米

2003年江阴青阳悟空寺泗州大圣宝塔地宫出土

水晶球

宋

直径2.5厘米

2003年江阴青阳悟空寺泗州大圣宝塔地宫出土

舍利子

宋

2003年江阴青阳悟空寺泗州大圣宝塔地宫出土

兽纽铜钟

宋

通高23.1、底径15.2、纽高5.8厘米

1981年江阴长山出土

兽纽铜钟

宋

通高37.2、底径25.2、纽高7.5厘米

1981年江阴长山出土

血珀佛珠

明
左：19颗，珠直径1.4厘米
右：18颗，珠直径1.5厘米
1984年江阴华士出土

江阴博物馆馆藏服饰主要为明清时期遗物。明代服饰以出土为主，清代服饰则是征集所得。

明代服饰主要出自1986年江阴南门磨盘墩承氏家族墓、1988年江阴陆桥陆氏家族墓和2002年江阴云亭薛氏家族墓。三个家族墓地分别以承天秀、陆仲庸、薛鏊墓所出服饰为最。承天秀墓随葬40余件服饰，其中丝织品均系全真丝织品，组织结构是用经面缎纹，少量用纬面缎纹，提花部分用纬面斜纹，利用这些对光的折射不同呈现出花纹。有的花型上下有用纬面缎纹衬出花边，有的利用原料粗细、色泽变化出清晰的图案，纹样有灵芝式云纹、梅花纹、万字纹、四方连续纹和八吉花卉纹等，色泽有浅赫色、深赫色、蓝色、棕黄色和米黄色等五种。织造方法有经线起花，又有纬线起花，不同的起花方式，使图案层次丰富。墓内出土的两块花绫巾，薄如蝉翼，轻若鸿毛，而提花镶边广袖长袍纹样精美，绣工精细，显示出

明代嘉靖时期高超的织绣工艺水平。

薛鏊墓出土服饰由于全部是丝绸质地，水浸时间又很长，故许多还需要整理、修复以后才能窥其全貌。庆幸的是，墓主随身穿着的一件鹭鸶纹补服虽然有些破损，但胸部、背部正中所缀方形补子大部分保存下来。明代官服传世稀少，薛氏这件官服为我们提供了实物佐证，尤显珍贵。补子主体图案为两只上下相对飞翔的鹭鸶，其间饰以如意祥云纹。明代对官吏常服作了新的规定，必须在袍服的胸前和背后缀以一方补子，文官用禽，武官用兽。这件补子为鹭鸶图案，说明墓主人应为六品文官，恰好与其身份相符。

1988年发掘的明代早期陆仲庸墓中，随一具保存完好的古尸出土了4件丝绸质地的广袖百褶裙独具特色，而绣花香袋上绣有“福”、“寿”两个篆字，“寿”字下绣有荷花一朵，四角边上绣云雷纹，绣工精细，充分反映出江南丝织业繁荣兴旺的景象。

提花镶边广袖长袍

明

衣长142、袖通长240.9、袖缘宽63.8、下摆宽162厘米

1986年江阴南门磨盘墩承天秀墓出土

暗花百褶裙

明

裙长92.3、裙腰围51.4、裙摆最大展幅182厘米

江阴博物馆藏

绣花缎弓鞋

明

左脚：通长19.2、通高5.8、宽6.4厘米

右脚：通长19.5、通高6.2、宽6.5厘米

江阴博物馆藏

绣花香袋

明

通长75.5、袋边长22.8厘米

1988年江阴陆桥王家典当陆仲庸墓出土

素缎鹭鸶纹补子

明

长37、宽36.5厘米

2002年江阴云亭花山村薛鏊墓出土

花绫巾

明

长84.3、宽60.3厘米

1986年江阴南门磨盘墩承天秀墓出土

青灰色暗花缎镶边女夹袄

清

衣长84、袖通长150.8、袖缘宽20、下摆宽70厘米

江阴博物馆藏

紫红暗花绸刺绣镶边对襟女夹袄

清

衣长83.6、袖通长145、袖缘宽32.7、下摆宽71.3厘米

江阴博物馆藏

深蓝暗花绸刺绣镶边马甲

清
衣长58.6、上宽36、下宽68.5厘米
江阴博物馆藏

提花纱镶如意襕干裙

清

裙长100.6、裙腰围36.8、裙摆74.7厘米

江阴博物馆藏

江陰文物精華

明清时期，文房用品的制作达到了鼎盛时期，各种文房用具一应俱全，笔、墨、纸、砚、臂搁等成为文人士大夫必备用具。千百年来，它们以独特的神韵和风采，精美博深的艺术造型，引发着使用者的激情和遐想，为灿烂的中华文化谱写出累累篇章。

江阴夏港青山窑厂出土的宋代抄手端砚，老坑，石质温润、细腻。湿水后可见天青、鱼脑冻、玫瑰紫青花等天然纹路，以及四个黄绿雀眼，明莹圆整。

清代刻梅端笔舔，端石，大西洞中层，铭心绝品，万中无一。刻工精湛，是石与工的完美结合。此石传承有序，其红木盖内侧有西溪居士的题记：“大西洞雨过天青、玫瑰紫青花、冰纹冻、鱼脑碎冻、马尾纹、胭脂晕绝品砚。”另外，还有“西泠八家”赵之琛的篆刻短刀直切，朴拙雄健；“精于铁笔”的王应绶的作品，用刀直冲，稳健有力。

清代秋林觅句图竹刻臂搁，为清代竹刻大家周芷岩所作，运刀游刃有余，树木、人物形神兼备。树下寥寥数刀，秋意跃然眼前，令人感受到秋风肃杀之凉意，充分体现了作者精湛的艺术技巧。

中国是最早使用漆的国家，漆木器工艺历史悠久。早在新石器时代，长江下游地区就出

杂件

现了木质生产工具和髹漆器皿。经过漫长的岁月，漆器和木器的制作工艺不断提高。至宋代，戗金、雕漆、描金漆、一色漆等髹漆工艺与过去相比都有了质的飞跃。

1991年夏港河工地宋墓出土的戗金漆奁，盖与身以子母口相承接，四周均饰戗金的折枝花卉，口部套一浅盘。盒盖顶面为一幅水上休憩图，画面简洁疏朗，富有意境。此件漆盒制作精美，纹饰清晰，而且保存较好，为宋代漆器之精品。

1980年夏港尚书墩孙四娘子墓出土的供桌、供椅，造型古朴，是根据宋式家具按比例缩小制作的明器。供桌的四条腿上，各钉有一木雕的女侍俑，俑身着襦裙、外穿背子（宋代妇女的常服），头梳同心髻，手捧主人梳妆用品。供椅只有后两条腿设有俑，均面向前方。这套供桌椅比较罕见，为研究这一时期的葬俗提供了珍贵资料。

馆藏钱币类珍品“大明通行宝钞”和“咸丰重宝”俱为出土品，“大明通行宝钞”为桑穰纸，很难保存，因此存世极少。其中“壹贯”钞为中书省版，填补了国内空白。“咸丰重宝”铜钱在钱币著录中也属首次，正面为楷书“咸丰重宝”，背面为满文“宝苏”2字，为宝苏局所铸，超大的形制使其成为国内目前保存完整的最大方孔圜钱。

鹿骨匕首

新石器时代

通长30.3、宽1.3～5.6、厚1.9、孔径0.8厘米

1990年江阴璜土前栗山东桃花港河段出土

鹿角镐

新石器时代晚期

通长40.5、镐头宽24、柄径2.5～3.5厘米

1975年江阴夏港南新开河古井出土

夹钢剑

北宋

通长78、最宽7.7厘米

1978年江阴夏港尚书墩葛氏家族墓葬出土

带侍俑供桌

宋

通高47.8、桌面长43.1、桌面宽42.9、面厚2.75～2.85厘米

1980年江阴夏港尚书墩孙四娘子墓出土

带侍俑供椅

宋

通高66.5、椅面长41.5、椅面宽40.3、背宽45.1厘米

1980年江阴夏港尚书墩孙四娘子墓出土

伏听俑

北宋
长17、最宽6.7、高3.5厘米
1980年江阴夏港尚书墩孙四娘子墓出土

墓龙俑

北宋
长22.9、最宽3、高3.8厘米
1983年江阴西郊宋墓出土

仰观俑

北宋
长21.5、最宽5.5、高2.2厘米
1983年12月江阴西郊宋墓出土

文官俑

宋
左：长23.5、宽5.4、高2.7厘米
右：长23.6、宽6、高2厘米
1980年江阴夏港尚书墩孙四娘子墓出土

武士俑

宋

左：长26、宽5.3、高3.4厘米

右：长24.1、宽6.1、高3.5厘米

1980年江阴夏港尚书墩孙四娘子墓出土

木　鸡

北宋

长8.6、残高4.2厘米

1980年江阴夏港尚书墩孙四娘子墓出土

木　犬

北宋

高13.7、底宽7.5厘米

1983年江阴西郊宋墓出土

木玄武

北宋

长11.4、宽6.9、高3.4厘米

1983年江阴西郊宋墓出土

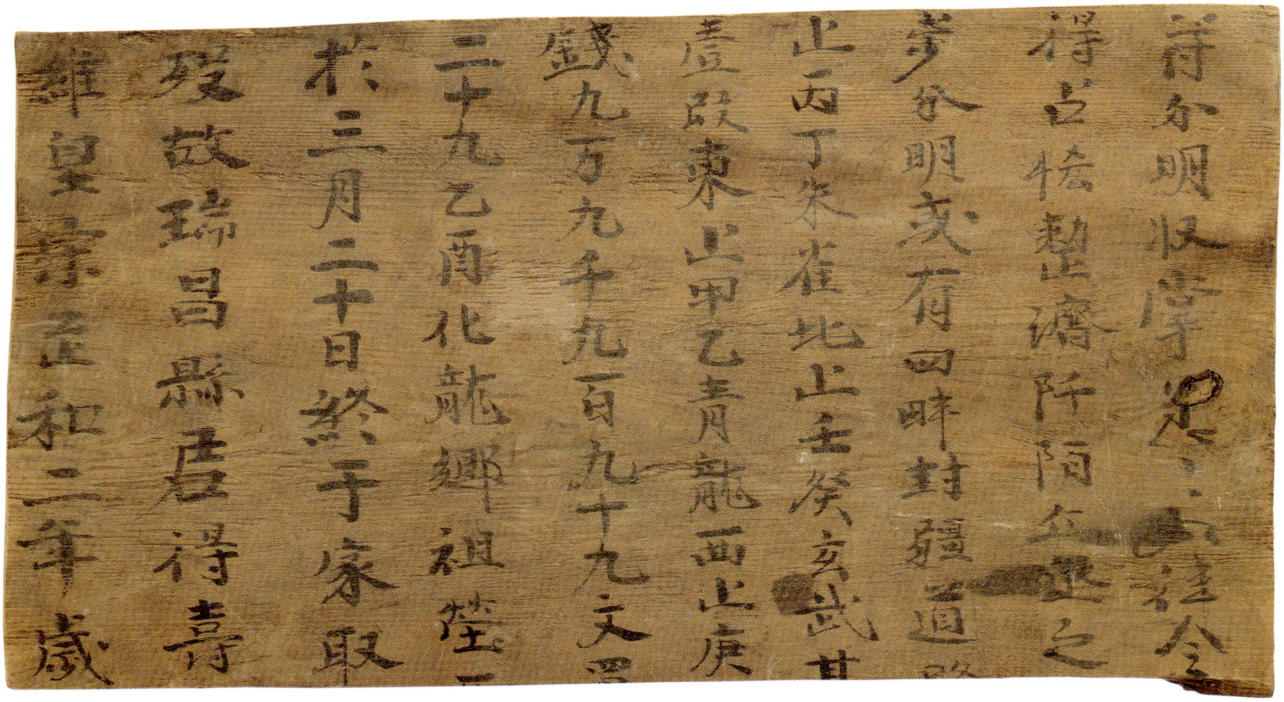

买地券

宋

长51.8、宽27.7～28.7厘米

1980年江阴夏港尚书墩孙四娘子墓出土

漆　奁

宋

通高20、最大径25.2、足高1.7厘米

1977年江阴石庄丁家丹宋墓出土

大漆盘

宋

通高8.4、口径33.5、底径26.8厘米

1991年江阴要塞澄南化工厂工地宋墓出土

戗金漆奁

宋

长15.2、宽8.1、通高11.3厘米

1991年江阴夏港尚书墩东新开夏港河工地宋墓出土

朱漆木胎碗

元

通高8.5、口径15.7、底径7.2、圈足高1.5厘米

1980年江阴申港张家店元墓出土

朱漆木胎碗

元
通高9、口径19.3、底径7.8、圈足高1.5厘米
1980年江阴申港张家店元墓出土

朱漆木胎盘

元

通高4.1、口径18.2、底径9.8、圈足高1.5厘米

1980年江阴申港张家店元墓出土

剪纸艺术折扇

明

通长27.5、扇最大展幅36.2、扇面高17.3厘米

1965年江阴长泾明墓出土

带柄风字形砚

宋

通长23.7、最宽13.1、柄长9.2、池深3.1厘米

1978年江阴夏港尚书墩葛氏家族墓出土

日珥风字形砚

宋

通长12.2、宽6.7～7.7、高1.7、池深1.4厘米

1978年江阴夏港尚书墩葛氏家族墓出土

风字形抄手砚

宋

通长12.1、宽6.2～6.7、高1.9、池深1.5厘米

1980年江阴夏港向阳大队宋墓出土

抄手端砚

宋

通长20.2、宽11.3～12.9、高5.6、池深4.9厘米

1984年江阴夏港青山窑厂出土

“吴趋”瓷印

明末清初
印面直径2.3、通高5.5、纽高0.9厘米
1982年江阴北涸出土

“存君子心行丈夫事”印

清
印面3.3×3.4、通高4.5、纽高2.8厘米
1982年江阴北涸出土

“上沙涧上人家”印

清

印面边长3.3、高5.3厘米

1982年江阴北涠出土

王应绶 “百花庵”印

清

印面2.2×2.3、通高5.6、纽高1.5厘米

1982年江阴北涸出土

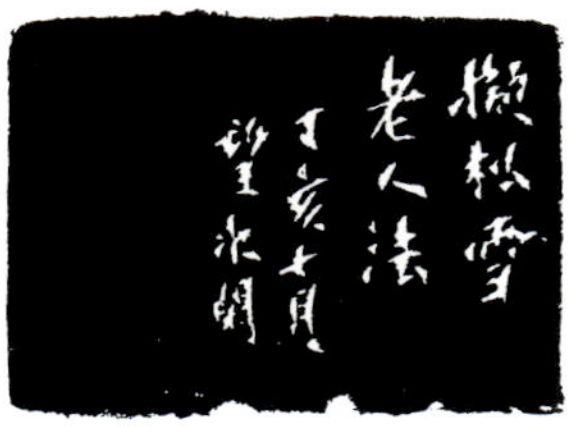

赵之琛　“身依堂上衰年母，日补人间未读书”印

清

印面3.6×3.7、通高6.4、纽高3.6厘米

1982年江阴北涸出土

云山层叠篆书竹刻臂搁

清

长27.5、宽6.7厘米

1989年陶白捐赠

芭蕉仕女图竹刻臂搁

清

长27.5、宽6.7厘米

1989年陶白捐赠

秋林觅句图竹刻臂搁

清

长21.8、宽6.6厘米

1989年陶白捐赠

刻梅端笔舔

清中期
长26.1、宽17.8、厚5.2厘米
1989年陶白捐赠

八宝奇珍墨

清末
盒长28.7、宽22.2、厚4厘米
墨长8～13.1、宽2.8～4.9、厚0.9～2厘米
1989年陶白捐赠

圆形瓷砚

清末民国初

通高3.3、直径11.4、池径9.6、底径9.3厘米

1989年陶白捐赠

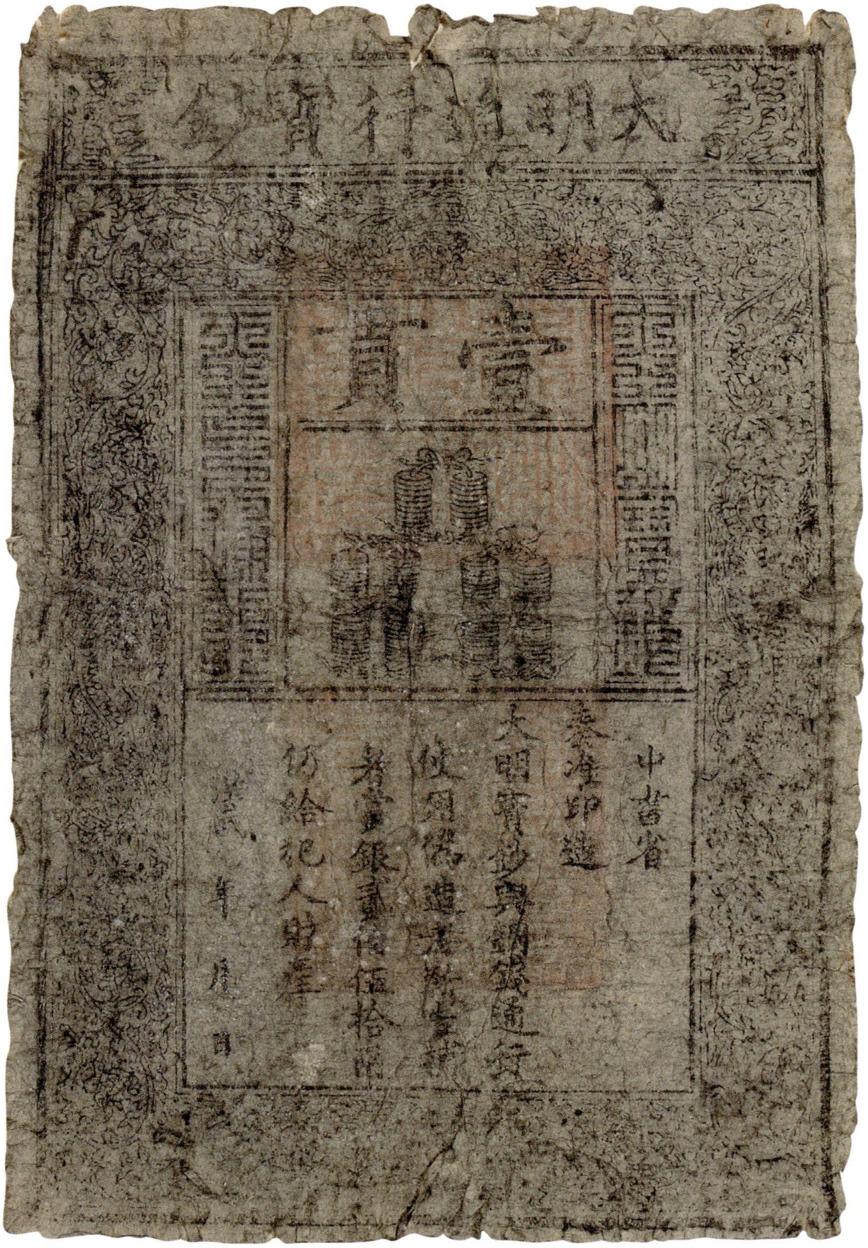

大明通行宝钞“壹贯”

明

纸质　长33.5、宽22厘米

1988年江阴陆桥王家典当陆伯阳妻瞿氏墓出土

大明通行宝钞“贰百文”（正、背）

明

纸质　长27、宽16厘米

1988年江阴陆桥王家典当陆伯阳妻瞿氏墓出土

咸丰重宝

清

直径22、厚1．2厘米　重约2.9公斤

1984年江阴北涸出土

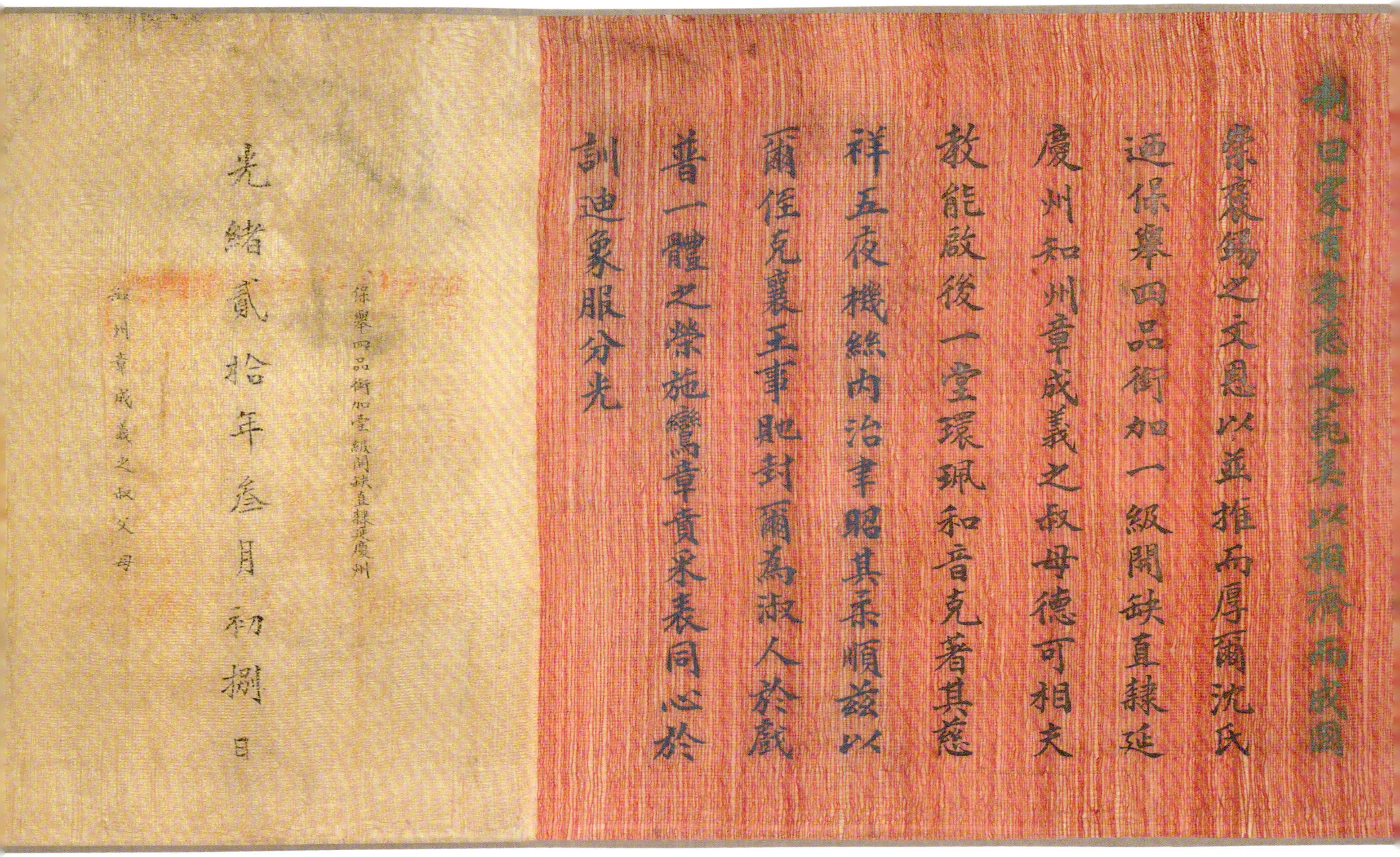

制曰家有孝慈之範美以相濟而成國
崇褒錫之文恩以並推而厚爾沈氏
迺保舉四品銜加一級開缺直隸延
慶州知州章成義之叔母德可相夫
教能啟後一堂環珮和音克著其慈
祥五夜機絲內治聿昭其柔順茲以
爾侄克襄王事貤封爾為淑人於戲
普一體之榮施鸞章賁采表同心於
訓迪象服分光

保舉四品銜加壹級開缺直隸延慶州
光緒貳拾年叁月初捌日
知州章成義之叔父母

光绪诰命

清

五彩织锦　长211、宽30.9厘米

2003年江阴北门利用纱厂拆迁工地房梁上发现

奉天誥命
一級聞敍直隸延慶州知州章成義
之叔父躬修士行代啟儒風抱璞自
珍克發圭璋之秀儲材足用肇彰杞
梓之良茲以爾侄克襄王事貽封爾
為中議大夫錫之誥命於戲昭令聞

光绪诰命

清

五彩织锦　长211、宽30.9厘米

2003年江阴北门利用纱厂拆迁工地房梁上发现

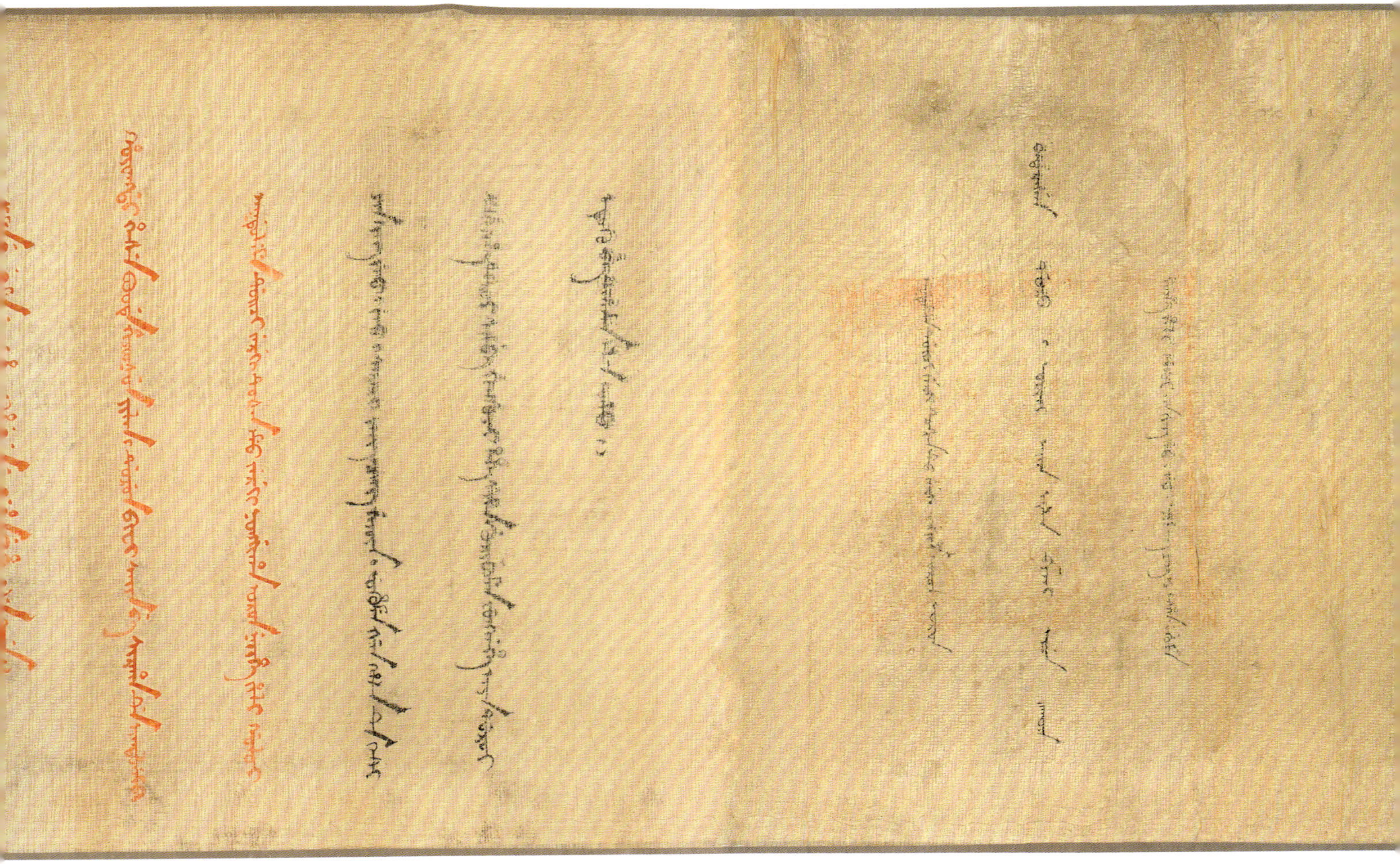

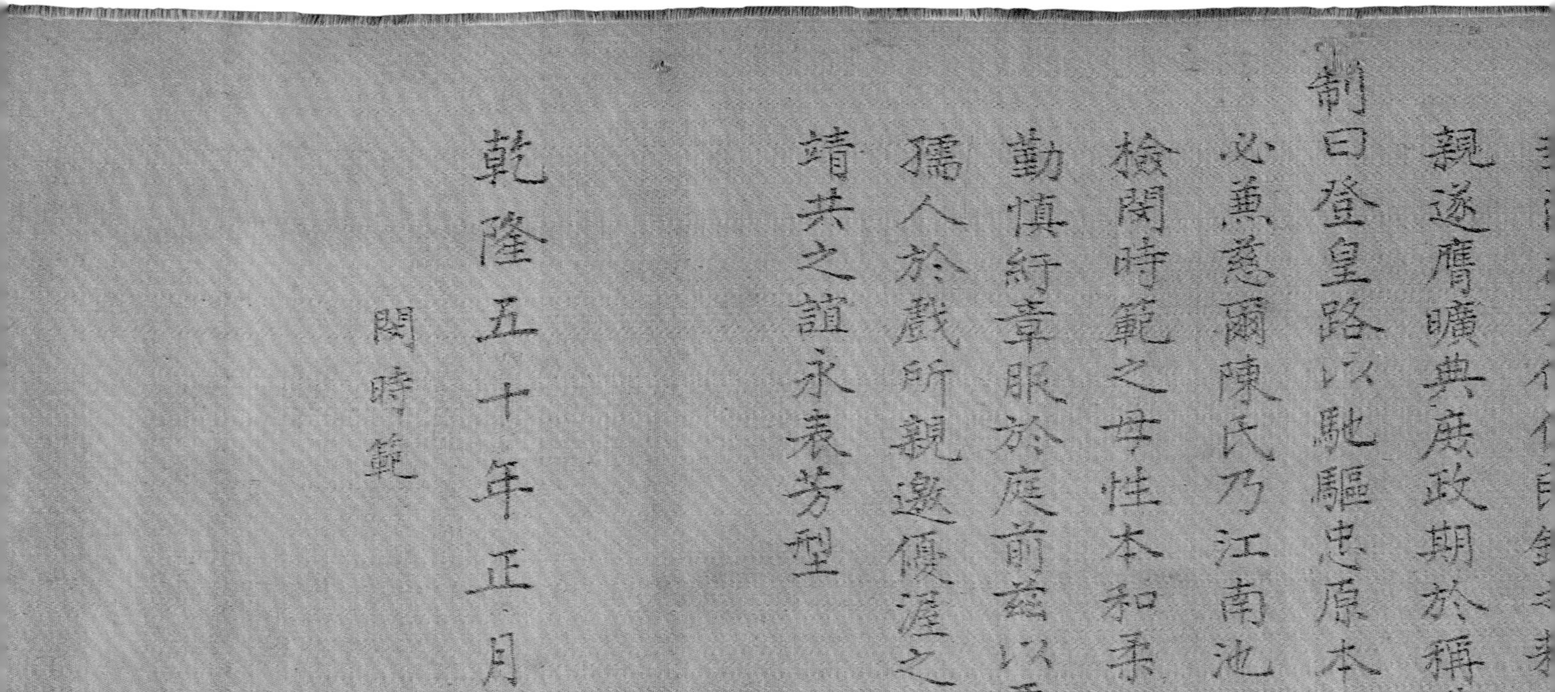
親遂膺曠典庚政期於稱職篤迓休光
制曰登皇路以馳驅忠原本孝入庭闈而侍奉嚴
必兼慈爾陳氏乃江南池州府銅陵縣大通巡
檢閔時範之母性本和柔飭衿鞶於閫内教惟
勤慎紆章服於庭前茲以覃恩貤贈爾爲九品
孺人於戲所親邀優渥之恩勉圖懋績有子效
靖共之誼永表芳型
乾隆五十年正月初一日
閔時範

乾隆敕书

清

绢本　长182.7、宽30.6厘米

1984年江阴周庄征集

奉

天承運

皇帝制曰設官分職昭器使之無遺錫類施仁喜

蒙恩於伊始爾閔積忠乃江南池州府銅陵縣

大通巡檢閔時範之父秉心醇樸飭行端方歲

乾隆敕书

清

绢本　长182.7、宽30.6厘米

1984年江阴周庄征集

[illegible]

[illegible]

[illegible]

江阴文物精华

江阴博物馆众多近现代文物中，“刘氏三杰”遗物可谓最大的亮点。“刘氏三杰”是指中国近现代史上杰出的三兄弟——刘半农、刘天华、刘北茂。1989～2007年的近20年中，刘氏兄弟的子女陆续将父辈的遗物捐出，极大地丰富了江阴博物馆的近现代文物馆藏。

刘半农是新文化运动的先驱、文学家、语言学家。他早年提倡文学革命，坚决拥护胡适和陈独秀文学改良的主张。正是有了刘半农的参与，文学革命才得以更加顺利地进行。而他的后半生致力于语言学、语音实验研究。

1920年刘半农赴欧洲留学，专攻语音学。1925年他通过了法国国家文学博士学位答辩，成为第一个赢得以外国国家名义授予最高学衔的中国人。他的《四声实验录》第一次给四声以科学的说明。他在北大创建了中国第一个语音乐律实验室，为我国实验语音学的研究与发展奠定了基础。刘氏最简声调推断尺和刘氏乙一、乙二声调推断尺等研究语言及语音的仪器都是他的创造发明。

在文字方面，刘半农发明了“她”、“它”二字，极大丰富了我国的文字宝库。刘半农

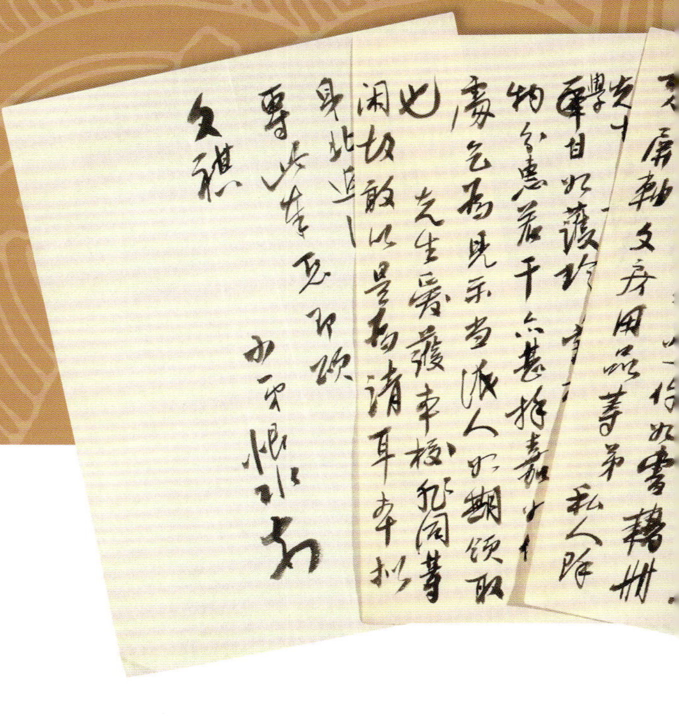

是白话诗的奠基人、开拓者和博学多才的学者，在考古、民俗学、摄影、书法等方面也有很深的造诣。

刘天华是民族音乐的一代宗师，中国现代二胡学派的创始人、作曲家、演奏家。他一生致力于国乐改进，建立了全新的二胡学派，把难登大雅之堂的二胡、琵琶推上了中国最高乐府的殿堂。刘天华是收集和整理民间音乐第一人，也是最早用科学记谱方法整理中国传统古曲的第一人。

刘天华一生创作了10首二胡独奏曲、3首琵琶独奏曲和1首丝竹合奏曲，他的二胡独奏曲《光明行》把二胡的表现力展示到了最高境界，一改二胡只能表现缠绵悱恻、萎靡不振感情的印象。他改革、使用的乐器以及创作手稿是其改革创新的最好实物见证。

刘北茂是民族音乐大师、作曲家、音乐教育家。他继承和发展了刘天华开创的音乐事业，在二胡的改革上大胆创新，于二胡的调式上取得了重大突破。他从事民乐教育工作，几十年如一日，培养了一大批二胡演奏及教学人才。他在作曲上不断探索，勤奋创作，一生留下了100多首二胡独奏曲和琵琶曲，被誉为多产作曲家。他是天华学派影响深远的开拓者和发展者。其成绩显赫，口碑载道。

刘氏三兄弟为中国近现代文化的发展作出了杰出贡献，业绩彪炳千秋。

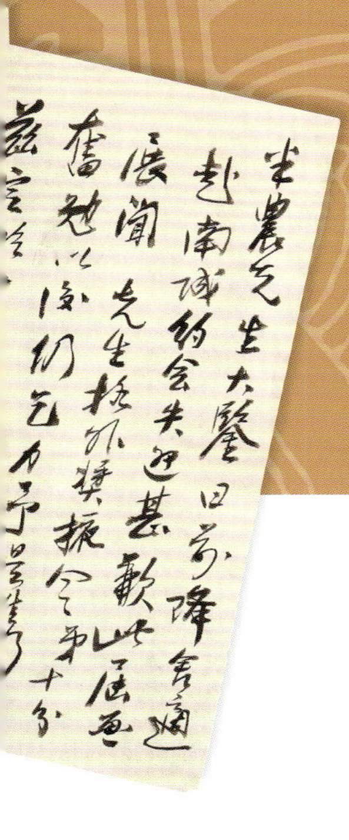

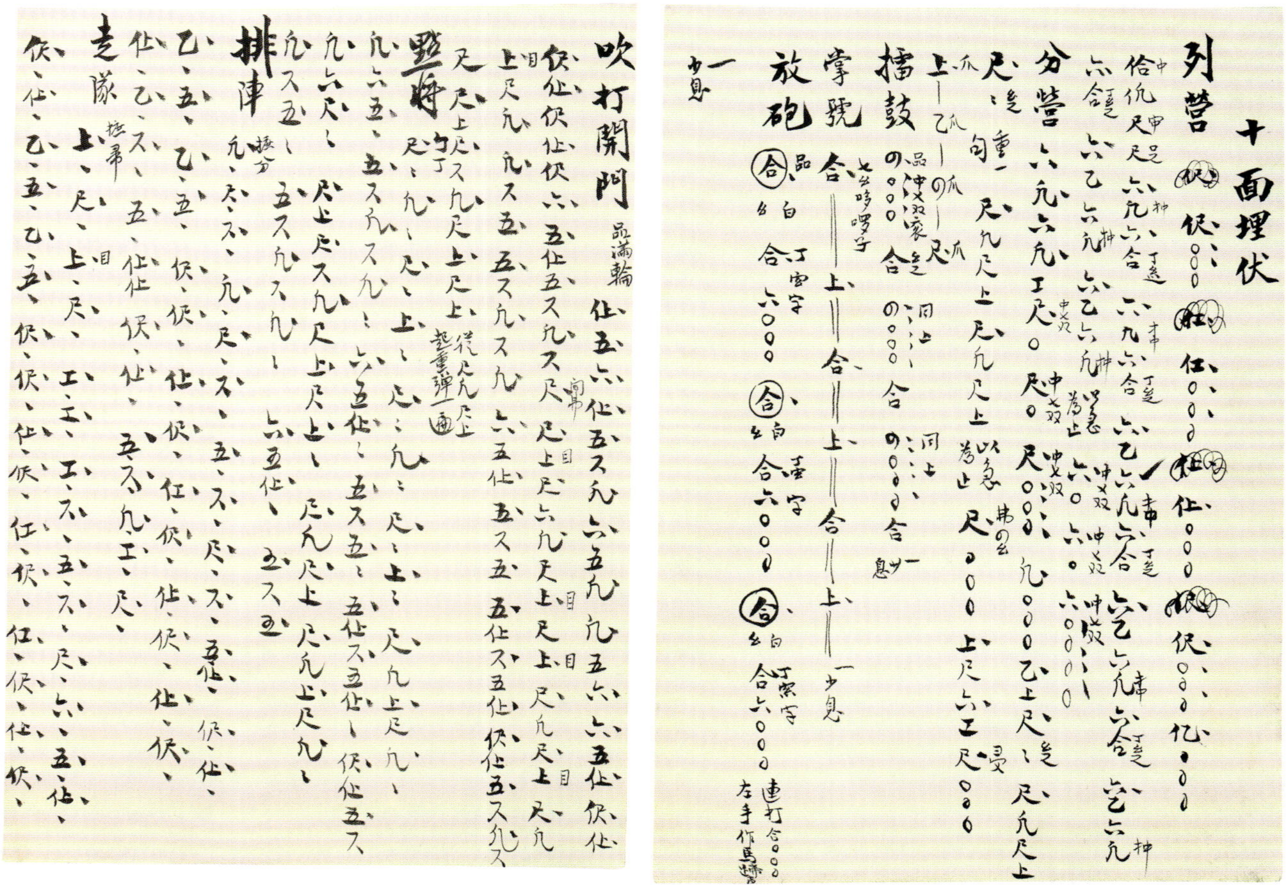

刘天华　《十面埋伏》工尺谱手稿

近现代

纸本　均长27.3、宽19厘米

1989年刘天华子女捐赠

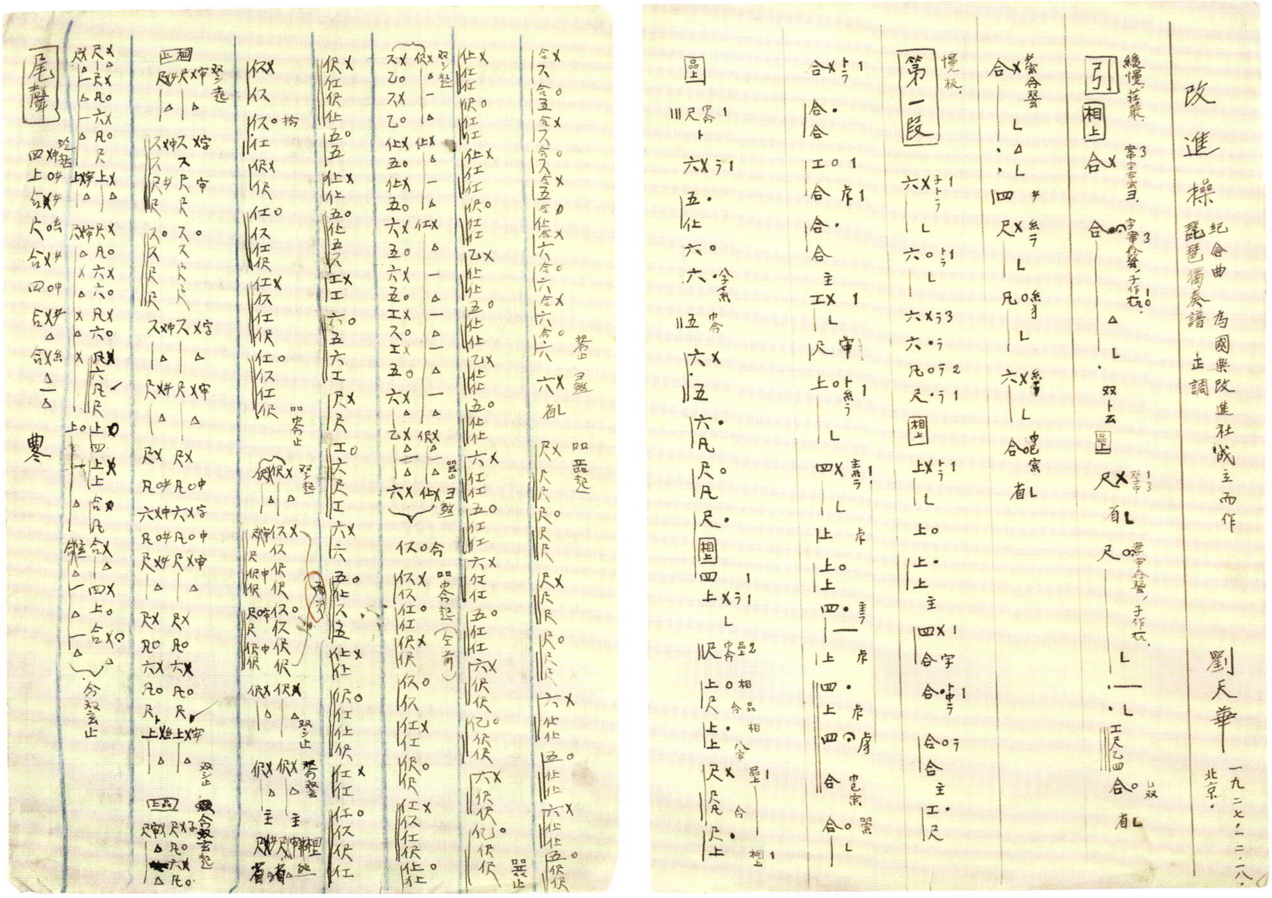

刘天华 《改进操》工尺谱手稿

近现代

纸本 均长31、宽21厘米

1989年刘天华子女捐赠

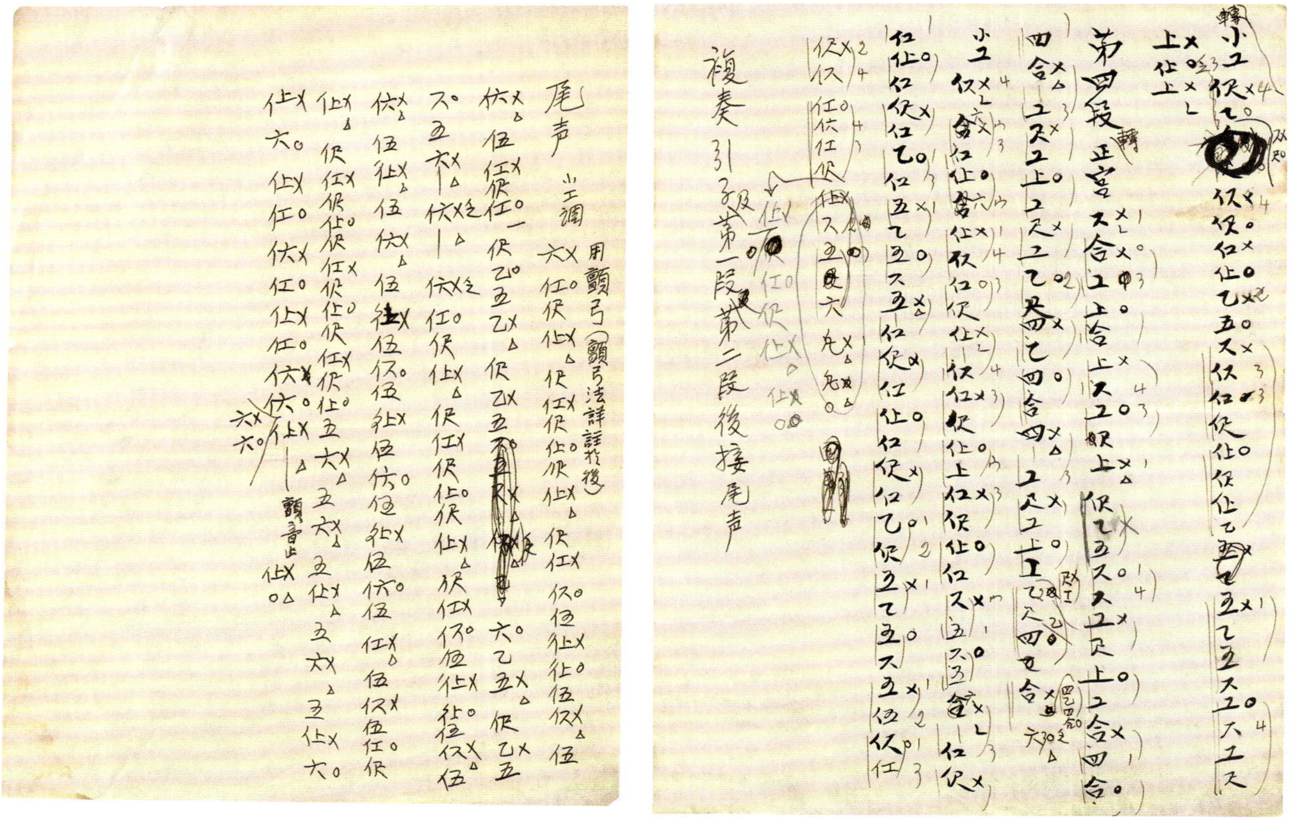

刘天华 《光明行》工尺谱手稿

近现代
纸本
第1页：28.2×21.8厘米
第2页：27.8×21.2厘米
第3页：27.1×21.8厘米
第4页：27.4×20.8厘米
1989年刘天华子女捐赠

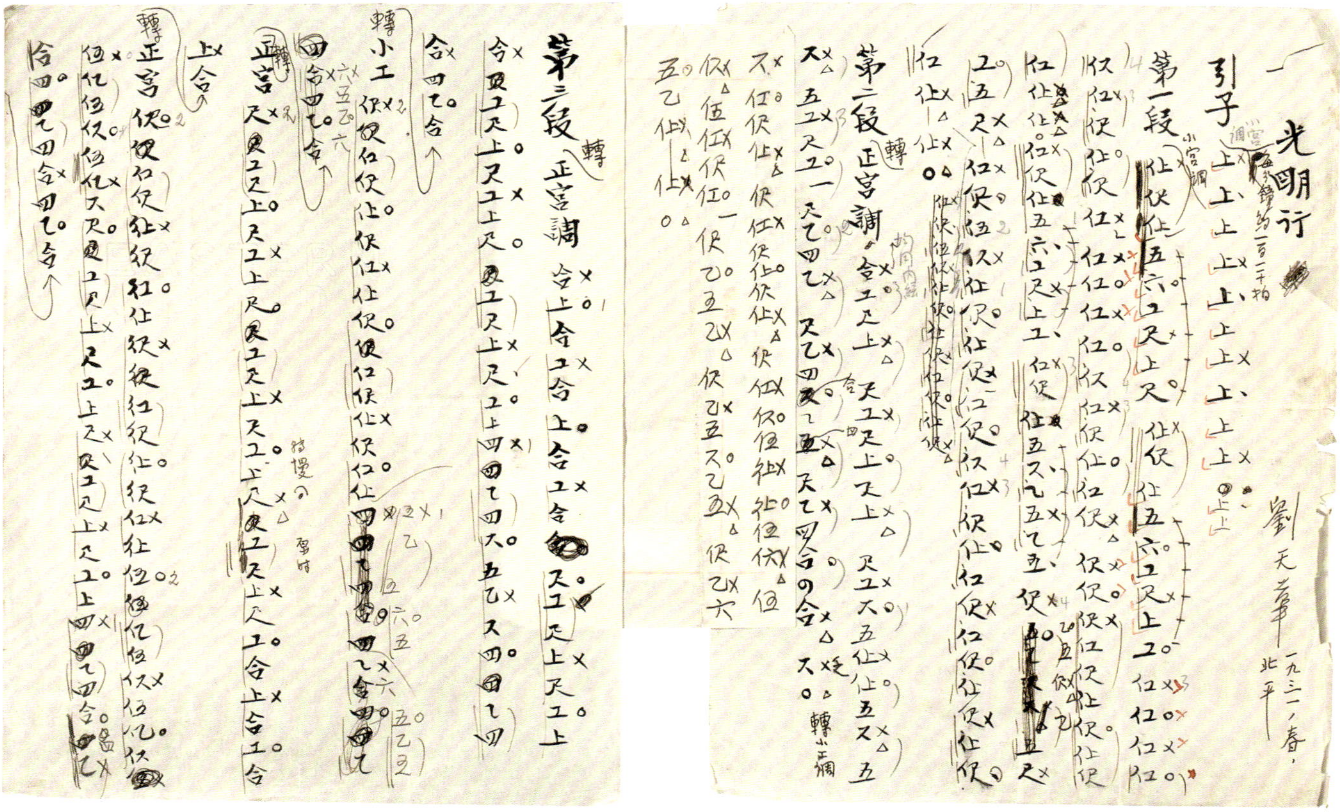
光明行
劉天華 一九三一，春，北平
引子
第一段
第二段 正宮調
第三段 正宮調

刘天华 《闲居吟》五线谱手稿

近现代

纸本 均长27.1、宽18.9厘米

1989年刘天华子女捐赠

閑居吟
二胡獨奏
劉天華
Andante cantabile
Più mosso

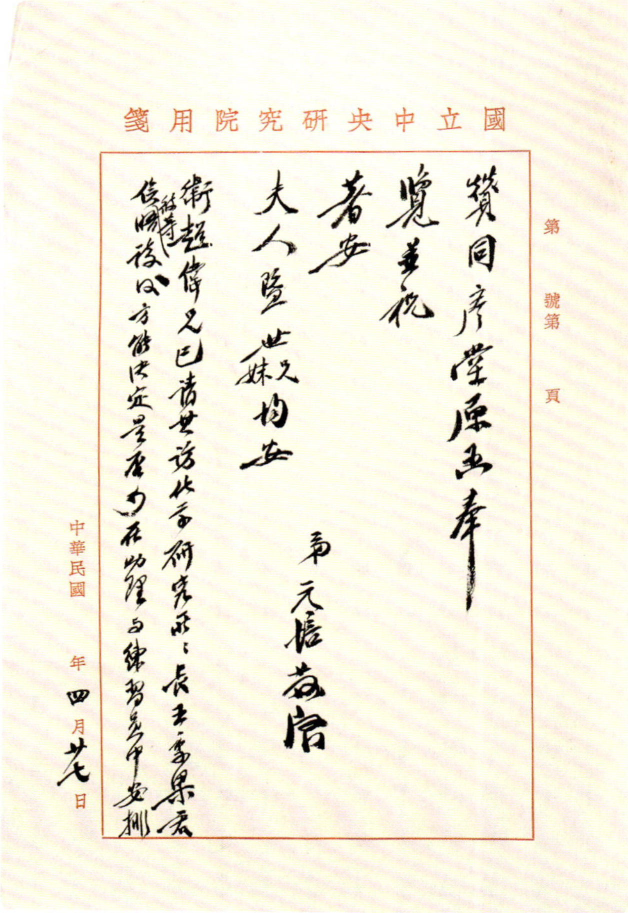
國立中央研究院用箋
第 號第 頁
贊同序堂原函奉
覽並祝
著安
夫人暨世妹均安
弟元培敬啟
中華民國 年 四月 日

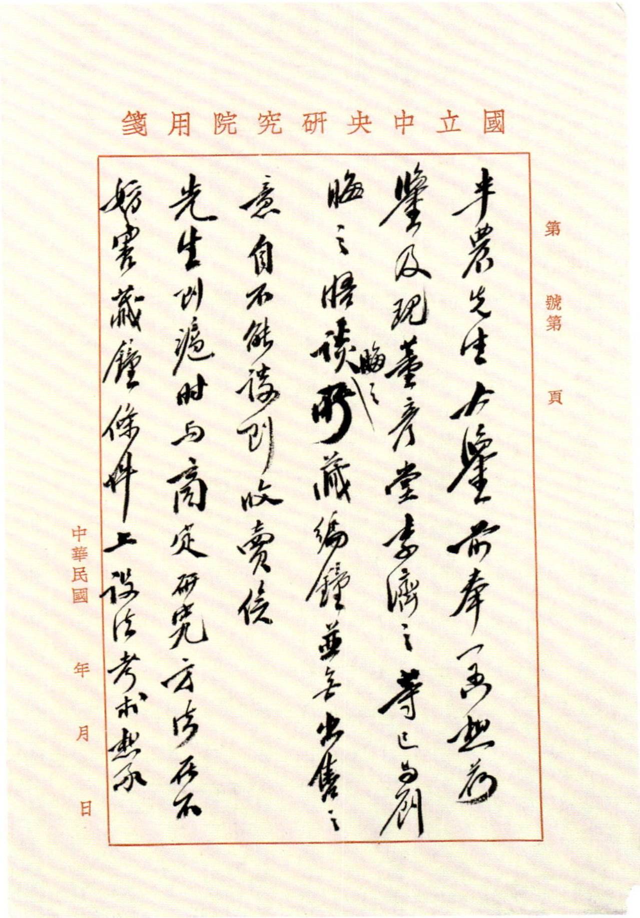
國立中央研究院用箋
第 號第 頁
中華民國 年 月 日

蔡元培致刘半农信

近现代

纸本　均长26.8、宽18厘米

2003年刘半农之子刘育伦捐赠

徐悲鸿致刘半农信

近现代

纸本　长30、宽18厘米

2003年刘半农之子刘育伦捐赠

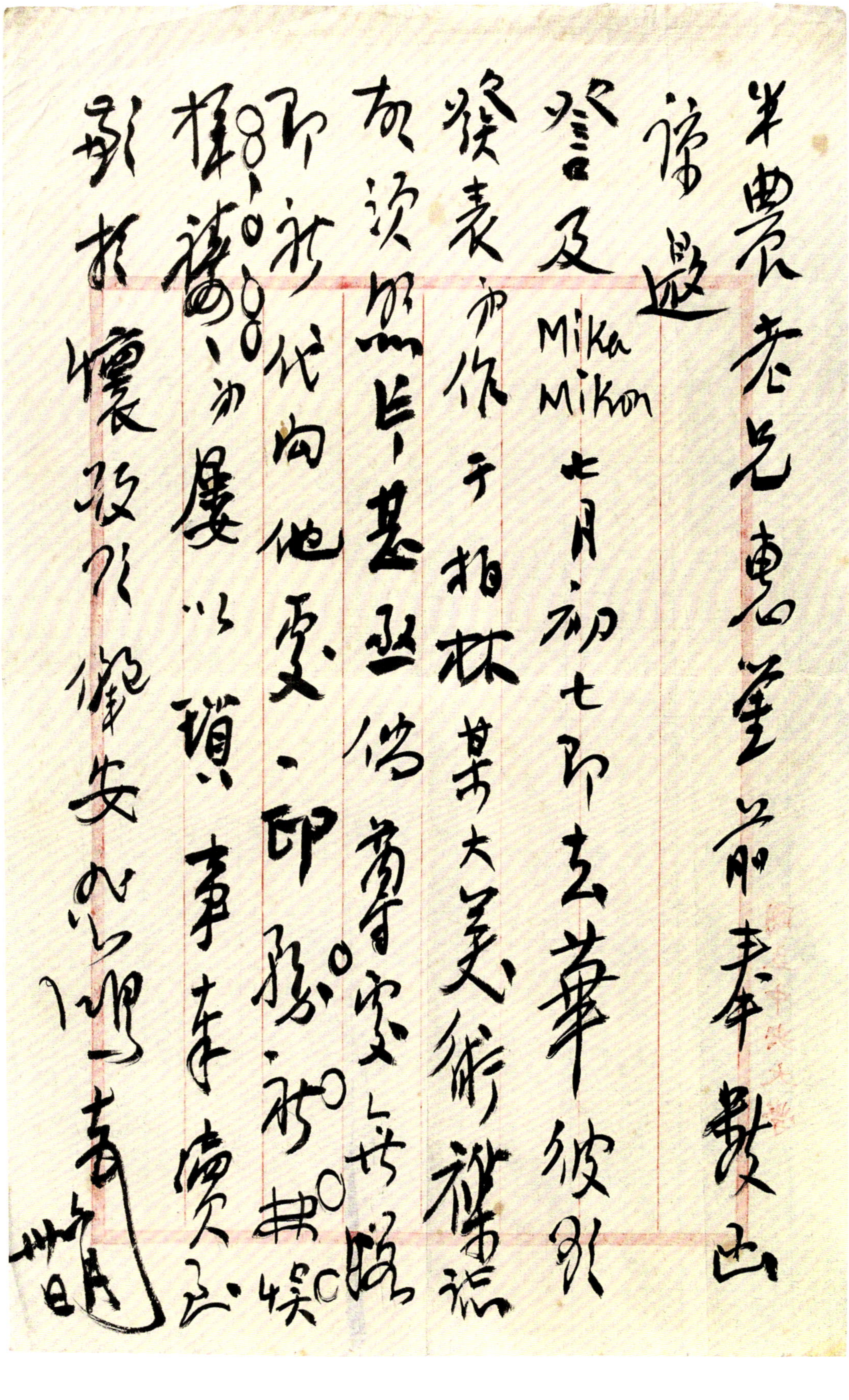

半農老兄惠鑒：前奉數函，諒邀
詧及。Mika Mikon七月初七即去華，彼所
發表之作于柏林某大美術雜誌，
故該照片甚亟。倘尊處無暇，
即祈代向他覓。即務祈掛號
擇寄。屢以瑣事奉瀆，至
歉於懷。敬頌
儷安。悲鴻頓首
卅日

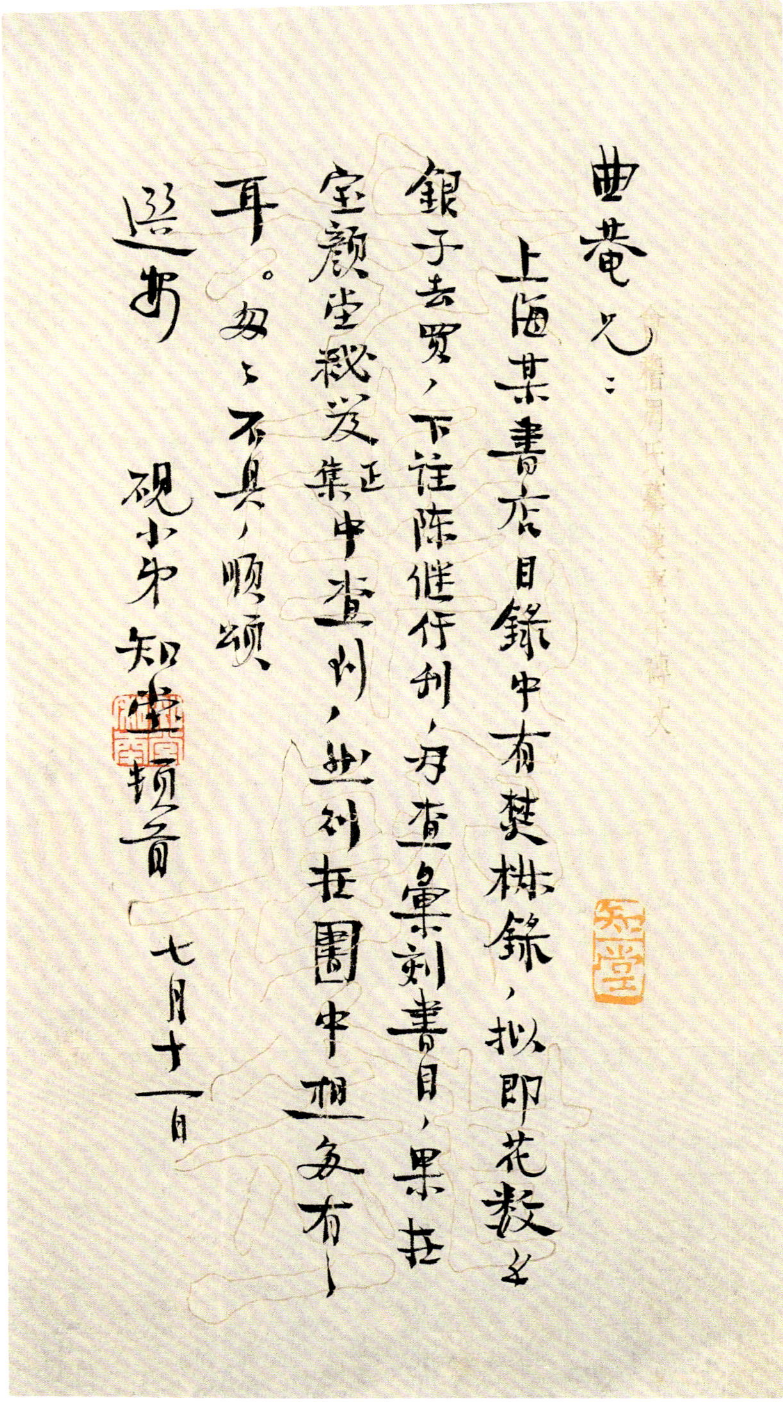

曲庵兄：

上海某書店目錄中有焚椒錄，拟即花数元銀子去買，下注陳继儒刊，乃查彙刻書目，果在寳顔堂秘笈正集中，查此刊在圍中想多有耳。匆匆不具，顺頌

近安

硯小弟 知堂頓首

七月十一日

周作人致刘半农信

近现代

纸本　长 27.7、宽15.3厘米

2003年刘半农之子刘育伦捐赠

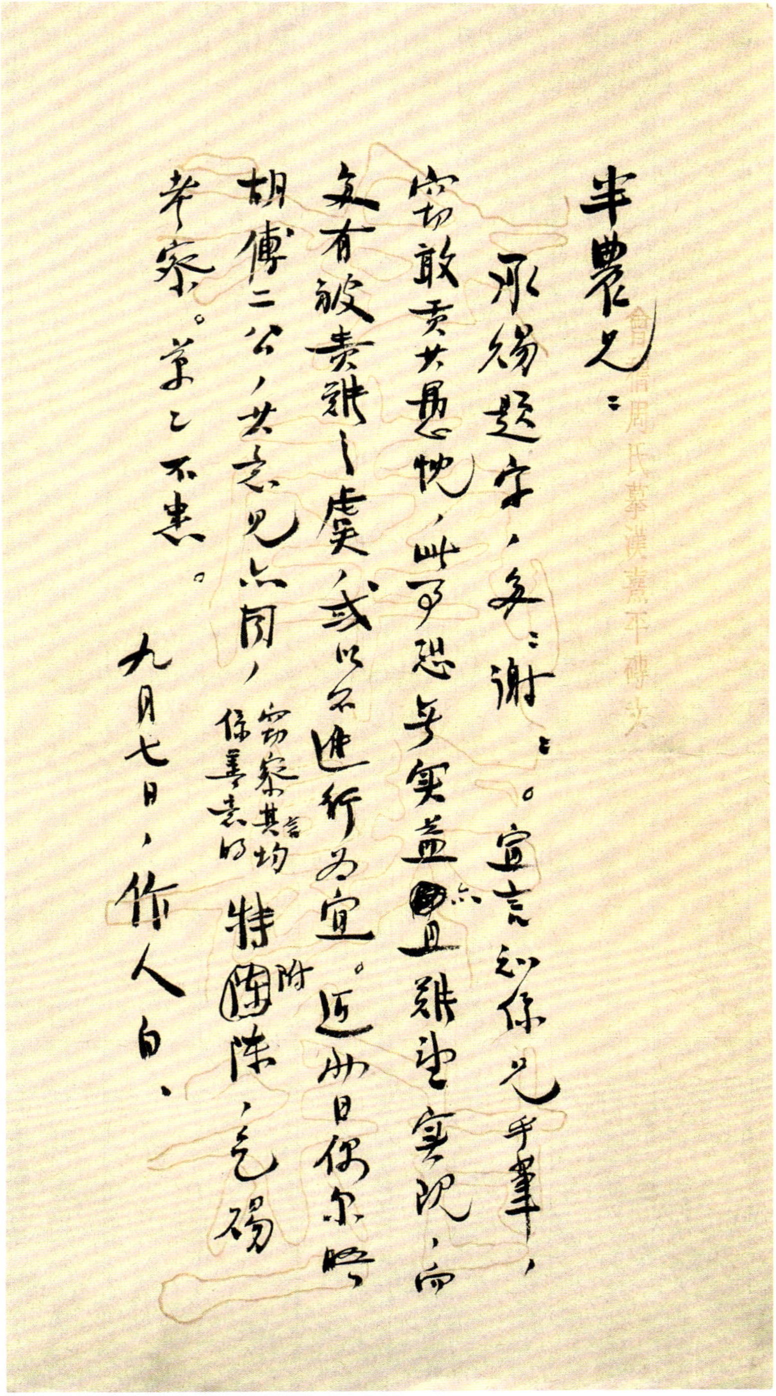

半農兄：

承賜題字，多多謝謝。宣言似係兄之手筆，
竊敢責其愚拙，此可恐無實益，且難望實現，而
又有被責難之虞，或以不進行為宜。近與日保定陳
胡傅二公，其意見亦同，竊察其言均係善意的，特附陳，乞賜
鑒察。草草不盡。

九月七日，作人白。

周作人致刘半农信

近现代

纸本　长 27.7、宽15.3厘米

2003年刘半农之子刘育伦捐赠

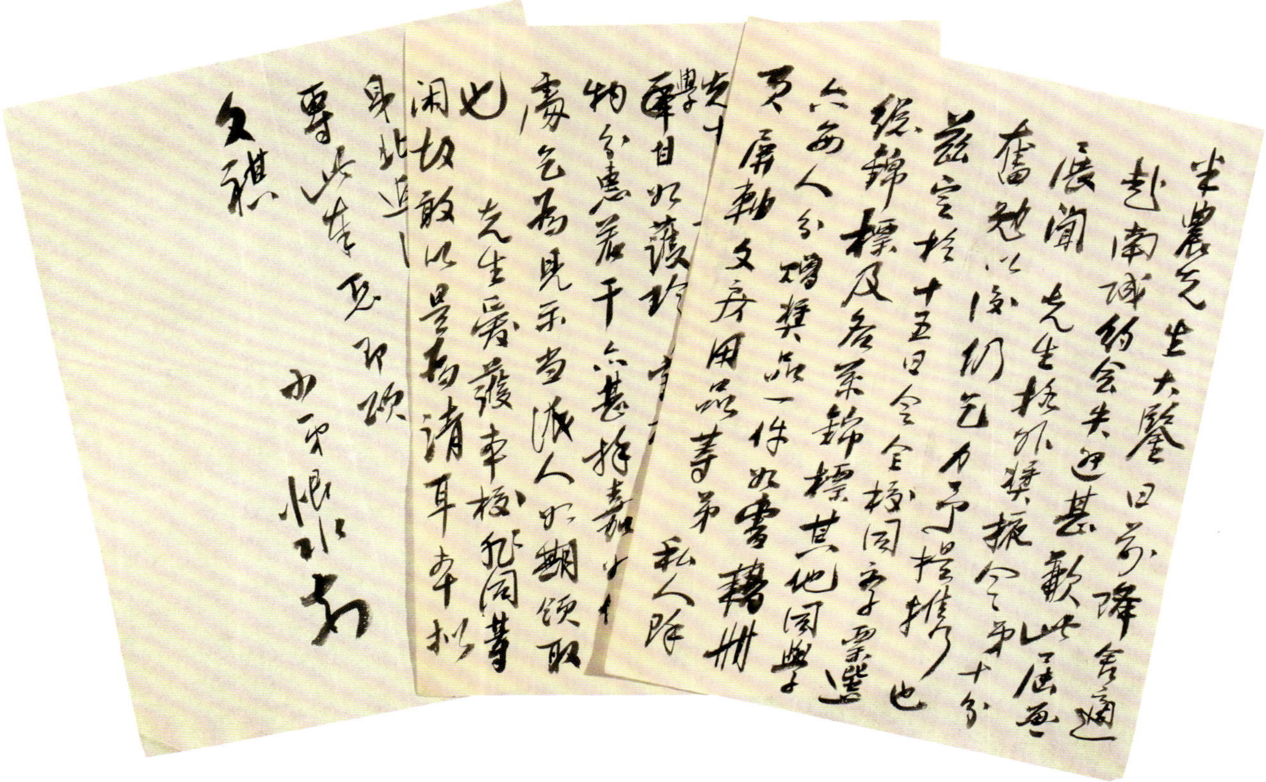

张恨水致刘半农信

近现代

纸本　长25.8、宽20厘米

2003年刘半农之子刘育伦捐赠

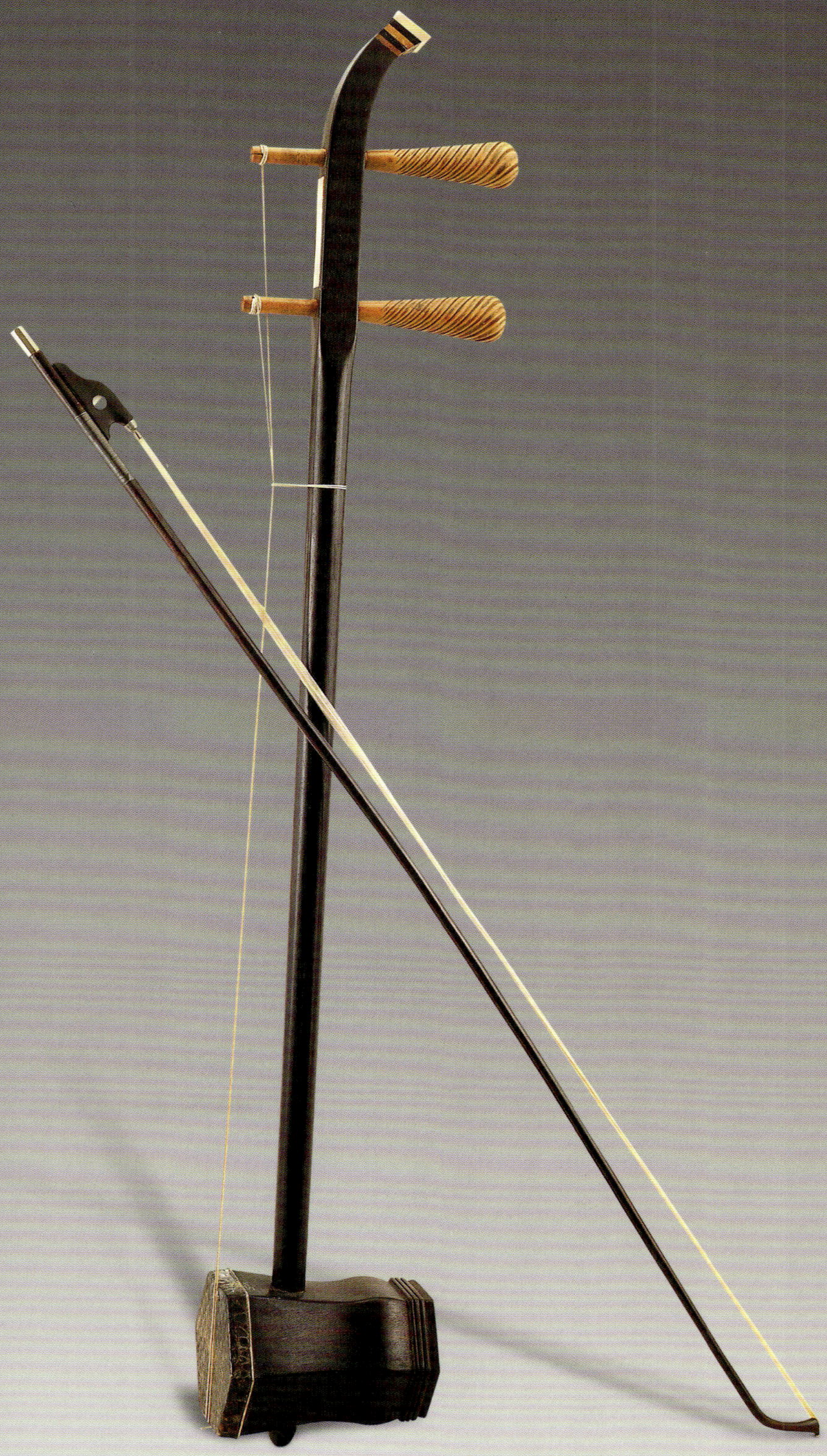

刘天华改良使用二胡

近现代

通长76、最宽14、弓长73厘米

2005年刘天华子女捐赠

刘天华改良使用琵琶

近现代

通长99、最宽31.3、高19.2厘米

2005年刘天华子女捐赠

刘半农赠刘天华法国小提琴

近现代

通长59.6、最宽20.5、弓长74.2厘米

2005年刘天华子女捐赠

刘北茂使用古琴

近现代

通长120.5、最宽18.7、高11.2厘米

1989年刘北茂之子刘育熙捐赠

刘半农创制刘氏最简声调推断尺

近现代

通长60.1、最宽22.1、高6.6厘米

1989年刘半农长女刘育厚捐赠

刘半农创制刘氏乙一声调推断尺

近现代

通长42.7、最宽11.3、高6.7厘米

1989年中国社会科学院语言研究所捐赠

刘半农仿西汉日晷仪

近现代

通高16.6、底座边长15、日晷直径12厘米

1989年中国社会科学院语言研究所捐赠

刘半农创制刘氏乙二声调推断尺

近现代

通长16.5、最宽4厘米

1989年中国社会科学院语言研究所捐赠